吴强华　黄　清·编著

大明王朝历史之谜

陕西新华出版　三秦出版社

图书在版编目（CIP）数据

大明王朝历史之谜 / 吴强华，黄清编著. -- 西安：
三秦出版社，2008.04（2024.1 重印）
（国学百部文库）
ISBN 978-7-80736-365-1

Ⅰ．①大… Ⅱ．①吴… ②黄… Ⅲ．①中国－古代史
－明代－通俗读物 Ⅳ．①K248.09

中国版本图书馆 CIP 数据核字（2008）第 027086 号

书　　名	大明王朝历史之谜
作　　者	吴强华 黄清 编著
责　　编	李 鸿
封面设计	新华智品

出版发行	三秦出版社
社　　址	西安市雁塔区曲江新区登高路 1388 号
电　　话	（029）81205236
邮政编码	710061
印　　刷	北京一鑫印务有限责任公司
开　　本	680×1020　1/16
印　　张	9
字　　数	180 千字
版　　次	2008 年 4 月第 2 版
印　　次	2024 年 1 月第 2 次印刷
标准书号	ISBN 978-7-80736-365-1

定　　价	39.80 元
网　　址	http://www.sqcbs.cn

前　言

　　明朝是我国历史上一个重要的朝代，之所以这么说，是因为在此期间，中国社会发生了翻天覆地的变化。对于这些变化，拍手称快者有之，切齿怒骂者也有之。于是，有人把明朝看成中华文明发展的承上启下的重要时代，也有人将明朝视为中华帝国走向衰弱的转折点。迥然各异的评价，透露出这一时期社会变化发展的复杂性和多样性。

　　在明朝，曾经活跃于中国政治舞台的丞相在朱元璋的滴血屠刀下悄然隐退，君主专制达到登峰造极的地步。翻开《明史》，我们仿佛看到了飞舞的大板和大臣们血肉模糊的身影，当世界政治迅速迈向近代民主的时候，野蛮的廷杖制度却在大明天子的朝堂上张牙舞爪。然而，满怀治国安民理想的士大夫们并没有被暴君的肆虐吓倒，他们以自己的血肉之躯与暴君进行着不屈的抗争，其英勇顽强，令人读后血气贲张。

　　在明朝，郑和率领的庞大船队浩浩荡荡地在印度洋上航行，所到之处尽显大明国威，祖祖辈辈困守黄土地的中国人，终于在蓝色的海洋上扬眉吐气！然而，半个世纪以后，当欧洲各国的商船在太平洋上穿梭，疯狂占领世界市场的时候，中国的商人却只能与官兵玩着猫捉老鼠的游戏，通过走私贸易开拓海外市场。

　　在明朝，经济发达的江南地区，市镇如雨后春笋般茁壮发展，繁荣的工商业使资本主义萌芽在中国大地吐出了第一片嫩叶。然而，朝廷的重赋、地方的盘剥、海禁的森严，成为抑制江南工商业发展的条条锁链。几百年以后，人们无奈地发现，中国大地上的资本主义萌芽依然是那已略显干枯的第一片嫩叶。

　　同样是在明朝，文化科技却又取得了令人瞩目的成就。中国四大古典名著中，明代独占三部：《西游记》中机智勇敢的孙悟空、憨态可掬的猪八戒，伴我们度过了快乐的童年；《水浒传》中的行者武松、豹子头林冲、花和尚鲁智深、黑旋风李逵更成为我们年轻时心目中的英雄；而《三国演义》则是大多数人接触中国历史的起点。李时珍的《本草纲目》、宋应星的《天工开物》、徐光启的《农政全书》，都是中国科技发展史上的集大成之作。

在这本书中，我们选取了明朝历史片断中一些疑云缭绕的未解之谜，使读者能够触摸历史，探知历史，从而拨开重重迷雾，还原历史真实。

编　者
2008 年 8 月

目　录

大明王朝历史之谜

朱元璋籍贯之谜

"说凤阳，道凤阳，凤阳本是个好地方，自从出了个朱皇帝，十年倒有九年荒。"自从这首歌谣在大江南北广泛传唱以后，明朝的开国皇帝朱元璋是凤阳人就是众所周知的事情了，就连《辞海》中也讲朱元璋是"濠州钟离（今安徽凤阳东北）人"。朱元璋的籍贯似乎已成定论。但事实上，至今在江苏的句容、盱眙、沛县等地，也流传着朱元璋是当地人的不同说法。那么朱元璋的籍贯究竟在哪里呢？

关于朱元璋的籍贯，赞同者最多的是"钟离东乡说"。据《明史》记载，"太祖讳元璋，字国瑞，朱姓。世家沛，徙句容，再徙泗州。父世珍，始迁濠州之钟离。生四子，太祖其季也。"据说，朱元璋原本是沛县农民的后代，祖籍在沛县。北宋末年，金人南犯中原，世代居住在沛县的一个名叫朱百六的穷苦农民，带着夫人胡氏和儿子朱四五、朱四九南渡长江，迁徙到了金陵句容通德乡的朱家巷落户，以种田为生。朱四九娶了一位侯家女儿，生下四个儿子，即朱初一、朱初二、朱初五、朱初十。到宋末元初时，朱家已沦落为"淘金户"，专为元朝统治者开采金银等贵重器物。朱初一见在句容难以生存，便带着夫人与12岁的大儿子朱五一、8岁的小儿子朱五四向淮北逃亡，由于泗州一带荒地较多，就在泗州的盱眙津里镇定居下来，以农耕为生。后朱五四娶陈氏，由于生活艰难，又迁徙至安徽灵璧县，最后至濠州钟离的东乡，又至西乡，在太平乡孤庄村安定下来。朱五四到钟离之前，已生有三个儿子、两个女儿，儿子分别叫重四、重六、重七，朱五一生有重一、重二、重三、重五四个儿子，等到朱元璋出生时，就取名叫重八。在古代，由于缺乏文化，穷苦人家的孩子取名字不易，一般按照日子和辈分，以数字取名。直到朱元璋长大以后，才给自己取了正式的名字叫兴宗，后又改为元璋，字国瑞。而他登基的年号是洪武，后人遂又称其为洪武皇帝，在凤阳一带，人们则称他为朱洪武。

自从做了皇帝，朱元璋出生的村庄就被尊称为赵府村，又称灵迹村或灵迹乡。据史书传言，朱元璋出生的时候有不少祥异的天象。在他出生的前一天晚上，母亲陈氏梦见自己在屋子南边干活时，从西北方向来了一个头戴黄冠、身穿红袍，有着长胡子的道士，从院里一堆麦糠中取出一颗白药丸，给陈氏吃下。陈氏醒后嘴里还有一股香气，第

明太祖朱元璋

二天就在二郎庙生下了朱元璋，二郎庙旁边的山冈亦得名为跃龙冈，又称孕龙基。万历三十年（1602）在此立碑，上书"跃龙冈"，残碑至今仍在。据说朱元璋生下来时，红光耀天，接连闪现了几天，映红了整个庙宇和附近的山，人们都很诧异。朱元璋称帝后，就将那片山命名为明光山，至今安徽省有明光市和明光镇，地名便是来源于此。当然，从今天科学的观点来看，这些说法都是后人附会上去的，目的自然是为了说明皇帝受命于天。事实上，朱元璋出生时家境十分艰难，就连包裹婴儿的衣物也是从河里捞起的破红绸布，只是到了后来的传说中，就变成了附近二郎庙的和尚抱朱元璋在河里洗澡时，河中突然浮起一方红罗，便为他裹身，称为"红罗幛"。对于"钟离东乡说"，一般在正史记载中都是持此说法，像明成祖时的大学士解缙著的《天潢玉牒》和唐代书法家怀素的《皇陵碑》中也都如此认为。

第二种看法是清朝初期的大学者查继佐在私人撰写的明史《罪惟录》里提出的。他认为，朱元璋的父亲因为家道中落，迁徙到了江苏盱眙的五河乡，在这里生下了朱元璋，这就是"盱眙县五河说"。对这一说法，曾经有学者根据《盱眙县志》进行了考证，经过推断认定，在元代，盱眙并没有五河这个乡，反倒是在盱眙邻近的今安徽境内有个五河县。

第三种说法认为朱元璋出生于盱眙县太平乡的明光山二郎庙旁，明人王文录写的《龙兴慈记》、高岱的《鸿猷录》及明清两代的《盱眙县志》都赞同这一说法，上面提到的许多灵异传说皆由此而来。作为证据，成于明朝万历年间的盱眙县志就自称为《帝里盱眙县志》，其首卷更是开宗明义曰：《圣迹志》。这一说法虽与第一种"钟离东乡说"有出入，但事实上在明清时代，明光处于盱眙县与临淮县交界处，二地的连接非常紧密，因此也有可能在元朝时明光确实属于钟离东乡。不过问题是，根据谭其骧的《中国历史地图集》，明光在明清时期一直是在盱眙县境内，从未隶属过钟离，也即后来的凤阳。

根据几种不同说法综合分析推断，朱元璋的出生地在盱眙太平乡二郎庙附近似乎最为可信。这一带就是今天安徽明光市明东乡的赵府村，而不是钟离东乡即今天的凤阳东北。当时太平乡虽然属于盱眙，但是邻近钟离，所以后来朱元璋的父母很有可能带着他西迁到不远的钟离东乡。钟离作为朱元璋的崛起之地和父母葬地，只能算做第二故乡。朱元璋在为其父母作的《明皇陵之碑》中就称钟离是"寓居是方"，并且朱元璋父亲在盱眙居住了四十多年，朱元璋本人又生在盱眙，从情理上说，他的籍贯应该是盱眙县太平乡。

以上都是以朱元璋的出生地为籍贯的争论。按照我国的说法，籍贯指本人的原籍，一般都是按照祖籍去填写的，因此朱元璋的籍贯又有"句容说"。据学者介绍，20世纪80年代，曾有民间文艺工作者在江苏句容县收集到这样一首民谣，其中唱道："句容蛮，句容蛮，提到句容就胆寒，小小的神仙张邋遢，大大的状元李春芳，阴间的皇帝朱元璋，阳间皇帝张祠山。"句容人数百年来一直宣称朱元璋是他们本地人，这里所指的就是朱元璋的祖籍，是毋庸置疑的。1363年，朱元璋在句容立朱氏世德之碑，在碑文中他自称朱家出自金陵的句容，地名朱家巷，在通德乡，祖墓都在朱家巷，元初的时候，祖父朱初一作为淘金户赔纳不起官府的税负，而丢弃房屋土地逃离句容，去盱眙垦荒。到了明朝嘉靖年间，句容县通德乡朱家巷是朱元璋祖籍一事还被再次提起，并引出了一连串的动静，因为当时曾有一个句容籍的官员上奏嘉靖皇帝，说句容是皇上的祖籍，要求加封该地。

说到这里，我们还不能不提一下朱元璋的远籍。由于出身贫寒，朱元璋能够上追的祖先只有五代，这在普通百姓自然没有什么，但是，作为帝王之家，按照中国古代的礼制，皇帝要立始祖庙祭祀祖先，就必须追溯到远祖。据说在朱元璋做皇帝后，就曾有官员提出以朱熹（新安籍，今安徽徽州地区）为祖先。后来朱元璋接见一个新安籍的朱姓官员时，就问过他是否朱熹的后代，结果这个官员非常惶恐地说"臣自有臣祖"，言外之意是他与朱元璋不是同一个祖先，而新安朱姓均出自朱熹。为此，朱元璋很伤感，就将这一提法作罢。此事反映出朱元璋的远籍问题也存在着争议。

据有关学者的研究介绍，朱元璋的远籍目前也有三种说法：一是沛地说，一是丹徒说，一是山东仙源说。

吴晗的《朱元璋传》认为朱元璋的较远的祖籍是沛县，至今在当地还有这样的说法，而较早在《明史》中也有明确的记载。这里的沛，据认为是指郡望，它源自汉代的沛郡，应是今天的安徽濉溪县西北一带。

明初解缙的《大明帝典》认为朱元璋"始居丹徒"，但是这一说法在清代潘柽章的《国史考异》中已经为人所辩驳，难以确证。

明朝承休端惠王的《统宗绳蛰录》，作为明宗室藩府的记录，它追溯朱元璋的祖先是"汉时山东兖州府仙源县兴贤乡人"。据今天的学者考订，仙源即今天的山东曲阜县境内。这一说法，从朱氏皇族的世系记述上来说来龙去脉最为完备且详细，与朱氏世德之碑的记载也没有冲突，因此为不少学者所肯定。

籍贯是中国人尊祖敬宗观念体系中的一件大事，作为九五之尊的帝王，在籍贯问题上自然要慎之又慎，正因为如此，才会在朱元璋的籍贯问题上出现这么多的争论。

马皇后大脚之谜

朱元璋一生最敬重的就是他的结发妻子马皇后，她以特殊的身份、卓越的才能辅佐丈夫的事业，在元末明初政治舞台上发挥了重要作用。在民间，有关马皇后的传说充满了神秘的色彩，人们称她为"大脚皇后"。历史上的马皇后究竟是什么样的人呢？

马皇后

马皇后生于公元1332年，比朱元璋小4岁，安徽宿州人。在中国古代，女性的社会地位低下，一般是有姓无名，因此虽然民间有称马皇后叫马秀英，但实际上是没有名字的。在历史文献的记载中，开始称为马夫人，到了朱元璋称帝后便称为马皇后。民间传说马皇后是一个没有缠过足的大脚女人，因为她的父亲逃亡在外，母亲死得特别早，家里没人照顾马姑娘，所以马姑娘也就没有缠脚。马皇后当姑娘的时候，别人给她起了一个绰号，叫"马大脚"。她当了皇后，别人自然不敢这么叫了，可仍然还有很多人在背地里叫她"大脚皇后"。

事实上，马皇后的先世为地方上有名的大户人家，家境殷富，称雄于乡里。到了她父亲马公时，由于为人乐善好施而致家败落。马公后来又因为杀人而逃往外地，就将马氏托付给了好友郭子兴，因为马氏的母亲郑媪已去世。郭子兴夫妇对马氏十分珍爱，收为义女。马氏长相并不出众，却十分端庄温柔，再加上知书达理，善解人意，又擅做女红，是个非常符合传统中国女性标准的人。

元末，由于政治腐败，阶级矛盾尖锐，又遇上了大水患，人民流离失所，郭子兴就于至正十二年（1351）率几千人在濠州举行起义，加入了在江淮流域起义红巾军。此后不久，朱元璋也加入了这支队伍，成为郭子兴手下的一员大将。

郭子兴对能干的朱元璋十分赏识，就将马氏嫁给了朱元璋。也由于马氏，朱元璋在郭子兴的队伍中提升很快，被人称为朱公子。可以说这一时期的朱元璋是夫以妻贵，与马氏的婚姻是朱元璋能够兴起的一个重要契机。

郭子兴为人暴躁，气量小，忌才护短，而朱元璋的性格果断，有耐心，正与郭子兴相反。在别人的挑唆下，郭子兴曾多次猜忌贬斥朱元璋，这种时候就是由马氏出主意去巴结郭子兴的小张夫人，通过她去替朱元璋说好话。有一次，朱元璋因事触怒了郭子兴，怒火中烧的郭子兴下令将朱元璋禁闭，并规定不许给送饭。马氏就背着别人将刚出炉的炊饼揣在怀里给他送去，结果胸口都被烫红了。

在朱元璋的长期征战中，马氏还经常参与后勤管理。军中缺粮，马氏就自己节衣缩食。由于朱元璋文化程度不高，马氏就求军中文书教她认字，以后便替朱元璋掌管来往的信札、作战的文书等，做到井井有条。马皇后还时常向朱元璋提一些很好的建议，《胜朝彤史拾遗记》中就记录了很多这方面的事例。据说，有一次朱元璋率领军队渡江作战，马皇后为了提防元兵在后追杀而造成背水一战的不利局势，不等朱元璋下令，便果断带领眷属后勤紧急渡江，当元兵果然随后杀来时，马皇后的先见之明避免了损失。马氏还在后方带领妇女为战士缝衣做鞋，抚慰眷属。马氏经常以"定天下在得人心，人心者天下之本也"来劝谏朱元璋，帮助他稳定后方，为朱元璋夺取天下立下了很大的功劳。

朱元璋当了皇帝后，仍时常回忆起马皇后的贤德，将她比作唐代的长孙皇后，马氏也经常向朱元璋劝谏，要他善待大臣们。当朱元璋屡次提到要寻访马皇后的宗族亲戚进行封赏时，马氏就以前代外戚为祸而遭难之由婉拒。在她主理下，"后妃居宫中，不预一发之政，外戚循理谨度，无敢恃宠以病民，汉唐以来所不及"。这是非常难能可贵的。

朱元璋为保证天下的稳定，十分残酷地株连打击功臣豪强，马皇后对此并不赞同，并保护了一些人。据《明史·高皇后传》记载，有一次有人上告说参军郭景祥的儿子要杀父亲，朱元璋就下令将这个不孝子杀掉，被马皇后劝止了。她说："郭景祥只有这一个儿子，如果所说不实的话，杀了就会绝后。"后来一查果然是冤枉。还有，明初做过太子老师的大学者宋濂，告老还乡后，却因为孙子涉及胡惟庸案而被株连，被逮到京师要处死，也是在马氏的极力庇佑下才幸免于难。

朱元璋立国之初，刑罚非常苛酷，经常会法外用刑。对此，马皇后又说，法律经常变更就会造成弊病，会导致奸诈之人祸事丛生，既扰乱了老百姓的生活，又容易生出乱子。有一次，朱元璋下令将判了死刑的囚犯都押去修都城，以此赎死，马皇后知道后委婉地劝说："以劳役来代替死刑是仁政，但是用这样重的劳役对待羸弱的囚犯，和死有什么区别？"后来朱元璋就罢免了劳役。

对于马皇后的家庭生活，正史及较普遍的说法是马皇后生了五个儿子，她在教育子女上非常严格。据说最小的儿子朱橚少时放荡不羁，长大后被封为开封周王，马皇后派江贵妃一同前往，赐给她自己穿的衣服一件、棍子一根，对她说："如果周王有过，就披上这件衣服打他，再不听就告诉我。"因此，朱橚到了开封后不敢胡作非为。在日常的生活中，马氏生活十分节俭，在当了皇后以后仍然保持过去的勤俭作风，亲自操持朱元璋的饮食，穿普通的衣服，吃普通的饭菜。

洪武十五年（1382）八月，马皇后病死，时年51岁。据说她在病重的时候，因怕连累医生，坚持不肯用药，并在临终嘱咐朱元璋要求贤纳谏。《明太祖实录》《明史·高皇后传》对马皇后的评价，都是"忧勤相济""备极艰难、赞成大业"。洪武三十一年（公元1398年），朱元璋去世后与马氏合葬在南京的孝陵。

刘伯温死因之谜

刘伯温在民间传说中被塑造成一位卧龙式的传奇人物，他不但武略文韬，而且上晓天文，下知地理，无所不通。其神机妙算，简直有鬼神不测之机。这样一位神仙般的人物，最终的结局却是以悲剧角色退出历史舞台。难道饱读经史的刘伯温不明白伴君如伴虎的道理吗？他真正的死因又是什么？

刘基，字伯温，浙江青田县人，自幼聪捷，16岁中举人，23岁中进士，是明初的一代奇人和明王朝的开国功臣，也是朱元璋最重要的谋臣之一。据《明史》记载，他"博通经史，于书无不窥，尤精象纬之学"。刘伯温的阅读视野非常开阔，读书对于他来说，是一件快乐而不倦之事。知识渊博的他可称是哲学家、谋略家、文学家、军事理论家、易学家、天文学家。在民间传奇和文学作品里，刘伯温则更是一个传奇人物，比张良、诸葛亮还要神通广大，甚至能未卜先知，洞察今古，呼风唤雨，似神仙一般，被称为"帝师""王佐"，有"前知五百年，后知五百年"之誉。相传预言之作《烧饼歌》就是他所写。

中了进士后，刘伯温曾在元朝政权内担任官职，但他看到元代统治者仇视汉人的种种措施以及当时民不聊生的社会现实，最终愤而弃官还乡。朱元璋起兵以后，多次邀请刘伯温参加义军，于是刘伯温再次离开家乡，投身到反元战争的第一线。刘伯温出山后，朱元璋拜他为军师。由于有了刘伯温的辅佐，朱元璋很快扫平元末群雄，一统天下，刘伯温也被朱元璋称为是自己的"张良"。天下太平之后，刘伯温也曾想过学张良功成隐退，但他对朱元璋的本性似乎还认识不够清楚，最终选择留了下来。然而统一天下后的朱元璋心态已经发生了很大的变化，在他看来，那些才华出众的功臣已经不再是他争夺天下的得力干将，而变成了新王朝的心腹大患，"非我族类，其心必异"，刚刚夺得政权的朱元璋开始担心别人夺取政权。据《明史》记载，朱元璋对手握大权的丞相李善长心怀不满，有意收拾他，因为李善长与刘伯温关系不睦，便想让刘伯温出面来惩治李善长，刘伯温此时并没有因为旧恶而对李善长落井下石，反而向朱元璋进言，称李善长是开国元勋，在朝政中发挥着重要的作用，惩治李善长对朝廷不利。刘伯温此举表面上是为李善长开脱，实际上他是不愿看到残害功臣的局面出现，深知唇亡齿寒道理的刘伯温，自然不愿帮助朱元璋开重惩元勋重臣的先河。这以后，深知伴君如伴虎的刘伯温心灰意冷，第二年便找了个理由告老还乡去了。

归隐后的刘伯温深居简出，每天以饮酒下棋为乐，口不言功，尽量避免与官府中人交往。《明史》中记载了这样一件事，青田县令想拜访刘伯温，刘伯温都婉言谢绝。无奈之下，青田县令扮成百姓去见刘伯温，正在洗脚的刘伯温让儿子把县令带到屋内，还让人做饭招待。当县令对刘伯温说："我是青田知县。"刘伯温急忙起身自称小民拜见县令，然后便离开房间，不再见县令。尽管刘伯温已经刻意保持低调，但多疑的朱元璋并不放心，他将刘伯温的儿子留在京城当官，表面上是重用功臣后代，其实却是将刘伯温的儿子作为人质。

然而，小心谨慎的刘伯温最终还是没能逃脱政治斗争的漩涡。早在建国之初，朱元璋曾就丞相人选询问过刘伯温的意见，刘伯温认为胡惟庸并不适合这一职位，胡惟庸获悉此事后便对刘伯温怀恨在心。

刘伯温

后来，胡惟庸终于当上丞相，便时刻寻找报复的机会。当时瓯、闽间有个叫谈洋的地区，是盐贩、盗贼聚集的地方，刘基委托儿子刘琏上奏，建议在该地区设立巡检司以加强管理。胡惟庸得知后便让刑部尚书吴云弹劾刘伯温，称谈洋踞山临海，有君王之气，刘伯温是想要在这里建自己的墓地，当地百姓不答应，便想要在那里设置巡检司为难当地民众。多疑的朱元璋下令剥夺了刘伯温的官禄。刘伯温害怕会带来更大麻烦，便前往南京当面向皇帝请罪，但朱元璋对此事全然不过问，刘伯温申诉无门，忧郁成疾，很快就病倒了。此时，胡惟庸携带补药前来探望病情，刘伯温吃了胡惟庸送来的药后，顿时感到有如拳头大小的石头般的硬物堵塞在胸口。刘伯温又上奏朱元璋，但朱元璋依旧不管不问。这样，又过了三个月，病情恶化。直到这时，朱元璋派人前去问候刘基，得知他已不能起床了，便下令让他返回青田老家。返回家乡不久，刘伯温就离开了人世。随着刘伯温死去，他的死因也变成了一个悬案。

关于刘伯温的死因，胡惟庸案发后有人告发说，刘伯温是胡惟庸毒死的。朱元璋后来曾与刘伯温的儿子谈及此事，把责任一股脑儿推到"胡党"身上。他说："刘伯温在这里时，满朝都是胡党，只是他一个不从，吃他们蛊了。"意思是说刘基是被"胡党"毒死的。他还说："刘伯温在这里时，胡家结党，只是老子说不倒。"朱元璋公开对外也是这样说："后来胡家结党，（刘基）吃他下了蛊。只见一日（刘基）来（对）我说：'上位，臣如今肚内一块硬结，谅看不好。'我朝人送他回去，到家后不久就死了。后来宣得他儿子来问，说道涨起来紧紧的，后来泻得瘪瘪的，却死了，这正是着了蛊了。"

然而，胡惟庸真的是毒死刘伯温的元凶吗？有的学者提出不同的看法，他们认为，尽管朱元璋将刘伯温之死全部推到"胡党"身上，但事实上真正的幕后黑手可能正是朱元璋本人，胡惟庸毒杀刘伯温，很可能是受了朱元璋的授意。之所以说朱元璋才是真正的凶手，理由如下：

首先，胡惟庸为了稳固自己的地位，在皇帝面前表现自己，因此接受了皇帝的旨意。试想胡惟庸虽然嫉恨刘伯温，但并无深仇大恨，犯不着将其毒杀致死，更何况刘伯温已归隐，不可能对其地位权势构成威胁，作为高居丞相之位、素以精明干练著称的胡惟庸来说，应该不至于笨到这个程度。据吴晗考证："刘基被毒，出于明太祖之阴谋，胡惟庸旧与刘基有恨，不自觉地被明太祖所利用。"朱元璋正是利用到这一点，借胡惟庸之手来杀死刘伯温。

其次，采取毒杀方式符合朱元璋的风格。李文忠、徐达也是这样因病受到探望和赠药之后便不明不白地死掉的。

此外，胡惟庸案后，与胡惟庸同为丞相的汪广洋因为否认胡惟庸是毒杀刘伯温的凶手而被赐死。那么为什么汪广洋会否认刘伯温是胡惟庸所杀的呢？他的依据是什么呢？可以推测，汪广洋无疑是知道刘伯温之死的真相的，也只有如此，他才能断言胡惟庸并不是真正的凶手。然而，说出真话的汪广洋付出了生命的代价，他知道的真相则再次成为永远的秘密。

刘伯温死了，相传能够未卜先知的他不知道是否算出他将被人毒死，是被何人毒死，是胡惟庸还是朱元璋？刘伯温没有留下答案，留给我们的只是一个未解的谜。

"空印案"之谜

明朝初年，朱元璋先后兴起过四次大案，除了胡惟庸、蓝玉两案，还有郭桓案及"空印案"，后两案是因官员贪污而兴，可以说是中国古代的惩治贪污案。对于郭桓贪污案，因为查有实据，没有什么可争议的，而"空印案"从事情缘由上来说，更接近于作弊行为。"空印案"的牵连之广，对明初的政治活动带来了很大的影响，一时间，造成士大夫们都不敢为官。那么"空印案"究竟是怎么回事？它有哪些引起争议的地方？

在明初，按照规定，全国各地的布政司和府、州、县每年都要派会计部门的官吏到户部去报账，将有关地方财政的各项收支，包括钱、粮、布帛、军需款项等详细做账上报，在户部汇总，经户部核实数字后，这账才算完成。因为账目繁多且琐碎，只要有一笔数字写错，或与总账不合，户部就会把账册驳回重做，使得地方官们叫苦连连。因为从各地往返京城，少说也要个把月，多的达数月，这对于那些地处偏远的府、州、县来说尤其痛苦，并且户部汇总账目有期限规定，超过期限就要受处分。于是为了方便起见，当时各地方官府派往户部做账目的计吏，往往会带上一些备用的空白账页，并预先盖好地方官衙的大印。说白了，这就有些类似于今天的空白支票或空白介绍信，可以在需要的时候随时填上数字或内容来生效使用，这就是所谓的空印。一旦账目上出现错误，好及时地用空白的账页重做，以避免来回奔波。这种做法被当时的县、州、府、布政司各级官府会计部门采用，已经形成了惯例，是众人皆知的事情。但偏巧的是，在洪武九年一次检查户部钱谷账册的例行公事中，这一做法被朱元璋发现了。这让一向自以为掌握天下耳目的皇帝大为恼火，再加上朱元璋出身于贫寒之家，对元朝地方官府的贪污腐败深有体会。朱元璋因此大怒，立刻命令将全国各地掌印的官员以及在空白文书上署名的官吏全部逮捕，关入御史台监狱审讯，一时间，全国数百上千的官吏被关入大牢，而面对天子的盛怒，朝中大臣都不敢上谏劝阻。于是这一案件不断扩大，最终就形成了明初著名的四大案之一的"空印案"。

当时宁海（浙江）有布衣名郑士利，其兄长郑士元，官湖广按察使佥事，也因为此案被捕。郑士利非常清楚空印账的来由，因此他就给朱元璋上了奏折，想要说明空印一事的由来，希望能用讲道理的方法来证明使用空白账页是不可能作弊的。因为在当时，正式的官府公文一般都使用骑缝章，并且还要加盖好几枚印章才能有效，并不是说只在一张纸上盖一个印就能使用的。郑士利认为既然使用空白印账是由来已久的习惯，就不应该加罪。他又从明朝的法理上辩解说，国家一直以来是先有法律明告天下百姓，然后才会对犯法的人判罪，但是从开国以来却从未就空印一事颁布法律，因此怎么能判罪呢？并且一旦随便诛杀众官吏，如何能够服众。在封建君主专制时代，这种指责皇帝的做法，结果是更加触怒了朱元璋。他下令将郑士利逮捕，并严加审讯，要找出幕后指使，并将郑氏兄弟押解到今江苏江浦服劳役。

明代乌纱帽

经此一番，整个"空印案"的最后判决是：凡地方主印官全部处决，佐吏以下杖一百，然后充军戍边，全国范围内因此而被处死的官员多达成千上万。但这一判决结果并未能解决官吏的贪污问题，过了十一年，就发生了户部侍郎郭恒盗卖库粮、贪污钱钞的大案，贪污总额折合粮食达 2400 余万石，受牵连的官员逾万，全部处死，甚至连民间乡村百姓之家也受到波及，一时全国上下人心惶惶。

从"空印案"形成的全过程和结果来说，事实上大多数都是冤狱，如此扩大化的审理狱案，在中国历史上是罕见的。据有人估计，"空印案"与郭恒贪污案合在一起，共处死并连坐了将近七、八万人之多。还有人说，从"民中人之家有大抵皆破"的记载来看，这分明是朱元璋敛财的一种手段。不管这是否是有计划的手段，如此的审理案件，反映了人治时代律法的专制与残暴。

对于"空印案"的过程和结果，没有什么可争议之处，只是"空印案"究竟发生在哪一年却一直是个谜。关于"空印案"，在《明太祖实录》和《明史太祖纪》上都没有被提及，这便导致了后来的众说纷纭。

一种说法是，根据《明史》卷九四《刑法志二》的记载，"空印案"发生在洪武十五年。但是，翻阅《明史》卷一三九《郑士利传附方徽传》，却又发现，其中提到怀庆知府方徽上书为"空印案"鸣冤，于洪武十三年被逮到京城。这样，在明史中就出现了前后叙述自相矛盾之处。据此，研究者们肯定"空印案"的发生应早于洪武十三年。

在此基础上，有学者考证后提出，"空印案"的发生是在洪武九年。所根据的是方孝孺的记载，因为在方氏《逊志斋集》卷廿一《先府君行状》及《叶伯巨、郑士利传》中，都曾言及在洪武九年发生"空印案"。近代史学家孟森、李光璧就据此认定是洪武九年。

近些年来，又有研究者对"空印案"发生的时间作了更为细致的考证，将《明史》与《兴化府莆田县志》《明太祖实录》《国権》反复核对确认，认为"空印案"应当是发生在洪武八年（1375）。因为前面提到的方徽上书鸣冤的原因是"因星变求言"（就是皇帝因为天文现象的异变而向天下寻求解释），而"星变求言"一事发生的时间是洪武九年闰九月，方徽在上书中明确地提及是去年发生"空印案"，因此应该是洪武八年。

"空印案"的发生之所以会在时间上造成不确定性，有学者认为，正是由于"空印案"涉及面很大，辗转牵连的人也很广，经过了相当长的时间才结束，因此才会出现不同时间的说法。

明初"文字狱"之谜

所谓"文字狱"，就是文人们在写文章时，由于不慎而触犯了统治者的忌讳，并因此受到了残酷惩罚的案件。明初朱元璋统治时期，也曾出现过中国历史上空前的文字狱之灾，从其残酷程度来说并不亚于后来清朝康乾时期的文字狱，而这次文字狱的起因和过程却并不为大多数人所熟知。那么，明初为什么会兴起文字狱呢？

明初文字狱的发生，从时间上来说，开始于洪武十七年，一直延续到洪武二十九年，前后长达13年之久。终洪武一朝，直接因文字而起的重大案例，不下20余件，因为文字狱遭到冤杀和株连的人不计其数。

说到明初文字狱形成的具体原因，不能不提到朱元璋的出身，许多学者认为这是他大兴文字狱的心理根源。因为朱元璋是中国历史上少有的出身贫寒的皇帝，他幼年家庭非常困难，个人经历非常坎坷，当过和尚，也做过盗匪（因为朱元璋参加过元末红巾军起义，这些农民起义者被当时的元朝统治阶级视为盗匪），属于社会最底层的贫民阶层。这些经历，使得朱元璋自幼就对当时处于社会上层、掌握文化知识的文人儒士有着很不好的印象，生怕受到他们的歧视，也因此养成了猜忌怀疑的自卑心态。

当朱元璋推翻元朝的统治而夺天下的时候，他离不开这些文人儒士的支持，也还能够以比较平和的心态去对待这些知识分子，但是一旦当上皇帝以后不久，朱元璋就开始表露出对这些人的不满，并用非常残酷的手段去对待那些触怒他的文人儒士。明初的国子学祭酒许存仁，为朱元璋争夺天下曾立下了很大的功劳，但是在讨论朱元璋称帝时，他提出要告老返乡，因此被朱元璋视为忤旨而借故逮捕，后来死于狱中。还有贵溪儒士夏伯启叔侄，当新的王朝建立起来以后，朱元璋下诏天下招读书人出来当官为其所用，他们却断指立誓永不当官，这就大大惹怒了朱元璋，于是下令枭没其全家，以为他人儆，借以恐吓天下的读书人。在朱元璋统治时期，言者有罪的情况时有发生。有的人仅仅因为向朱元璋直言进谏而触怒了他，便招致杀身之祸。洪武九年就发生了这样的一起事件。当时天象发生异变，古人称为"星变"，这就要求有人来解释这一天文异象，为此，朱元璋下诏要求众大臣进行解释。山西平遥县的训导叶伯巨，就向皇帝上了长篇大论，认为这是由于朱元璋亲政以来的措施不当引致的。他说是三个原因导致了天象的异变，第一是由于皇帝在开国后分封诸子太过侈奢，第二是由于朱元璋用刑太过频繁，第三是由于希望治理好天下的心态太急切。应该说，叶伯巨对朱元璋的进谏是大臣对封建帝王的有参考价值的提醒，但却引起朱元璋的猜疑，怀疑这是有意离间他的骨肉亲情，当时就要用弓箭将叶伯巨射死，在丞相的劝阻下才作罢，但最终叶伯巨未能逃过一劫，惨死狱中。

文字狱形成的绝大多数案件都是因为被怀疑影射朱元璋的出身寒微而惹祸的，这实际上是"莫须有"的罪名。前面曾提到，朱元璋少年时当过和尚，做过盗匪，这段经历使他当上皇帝以后十分忌讳别人提起此事，对于像"光"、"秃"、"生（僧）"、"取法（去发）"、"则（贼）" 等字或谐音的字非常敏感，因为"光"、"秃"、"生（僧）"、"取法（去发）"都被视为骂他做过和尚，"则（贼）"则视为骂他做过贼。不过，古时的读书人写文章偏偏喜欢用文雅的文言文去曲折地表述直白的语句，不知不觉中就正好触犯了朱元璋的忌讳。《二十二史劄（音zhá）记》中记录了很多这方面的例子。如杭州府学教授徐一夔给朱元璋上《贺表》，其中有"光天之下，天生圣人，为世作则"的句子，被杀；浙江府学教授林元亮作的《谢增俸表》有"作则垂宪"一句，被处死；澧州学正孟清为本府作《贺冬至表》有"圣德作则"句，被杀；常州府学训导蒋镇为本府作《正旦贺表》有"睿性生知"的字样而被诛。其他犯忌的词句还有"垂子孙作则"、"仪则天下"、"建中作则"、"取法象魏"、"拜望青门"（青门指僧院）、"体乾法坤（发髡），藻饰（早失） 太平"、"遥瞻帝扉（帝非）"、"式（失） 君父子以班爵禄"、"永绍亿年，天下有道（盗）"等等。朱元璋对用字的避讳也很在乎，如不允许用"元"字，"洪武元年"改成"洪武原年"；洪武三年下令禁止百姓取名时用天、国、君、臣、圣、神等字，举不胜举。

有些文人仅仅因为作诗而无意间获罪于朱元璋。如明初的著名诗人高启，在《宫女图诗》中写道："女奴抚醉踏苍苔，明月西园侍宴回。小犬隔墙空吠影，夜深宫禁有谁来？" 被朱元璋看到，认为是讽刺自己，就借口高启替苏州知府魏观作《上梁文》有"龙蟠虎踞"四字，将他腰斩于市。另有一个官员叫陈养浩，因作"城南有嫠妇，夜夜哭征夫"诗句，被朱元璋视为动摇军心，也被溺死。甚至有兖州知州卢熊，发现官方公文中老把"兖"字误印成"衮"字，于是上书朱元璋，请求更正。朱元璋看了奏章，很不高兴，认为"秀才无理，便道我'滚'哩"，将"衮"视为"滚"。不久，便以结党的罪名杀了卢熊。

更为滑稽的是，就连死了上千年的"亚圣"孟子也难逃朱元璋的文字之狱。有一次朱元璋读到"民贵"、"君轻"句时，认为这是大不敬，就命人将孟子的神位扔出孔庙，要让他在死后也得不到赦免。又命人将《孟子》一书进行修订，删节了三分之一，这样才能作为科举考试的标准用本。后来，由于掌管观天的人说天上的文曲星暗了，引起朱元璋的猜疑，才又不得不将孟子牌位重新送回孔庙。

孟 子

据民间传说，有一次朱元璋私下出游到一个寺庙，发现壁上题有一诗："大千世界活茫茫，收拾都将一袋藏，毕竟有收还有散，放宽些子又何妨！"认为是有意嘲讽他，于是庙里的所有和尚都被处死。

对于明初文字狱的原因，有人认为上面的分析是浅层次的。一些早期的学者指出，明初文字狱的出现是由于统治阶级内部矛盾引起的，是一部分旧地主阶级的文人对新兴皇朝臣属关系的斗争。只是朱元璋用文字细节和他自己出身经历的禁忌来兴文字狱，将新旧势力的斗争演变为莫须有的罪名，杀戮大批知识分子，这反映了他残暴的一面，是应该受到谴责的。

今天看来，朱元璋大兴文字狱的真实原因，就是要借此以树立皇权的威信，这从朱元璋和大臣的一次对话中就可看出。在大兴文字狱的时候，有很多勋臣对此感到不平，朱元璋曾对他们说："世乱用武，世治宜文，非偏也。"治文字狱的目的就是为了约束天下的读书人，这从朱元璋定八股、删节《孟子》的行为中可以反映出来。文字狱的出现是封建专制统治在思想统治上走向极端的产物，阻碍了中国文化的健康发展，是应该受到批判的。

明朝厂卫之谜

提起厂卫，人们立即想起明朝的"鲜衣怒马"锦衣卫。厂卫到底是什么组织，为什么人们谈起厂卫就会谈"虎"色变？事实上，厂卫并非一个组织，而是数个组织的合称，除了锦衣卫外，还包括东厂、西厂、内行厂等。这些组织有一个共同之处，这就是无论是锦衣卫还是东厂、西厂、内行厂，都是手段毒辣、无孔不入的特务组织，这也是人们对厂卫谈"虎"色变的重要原因。神秘的明朝厂卫究竟是怎样的组织呢？

在厂卫的历史上，锦衣卫建立最早。锦衣卫本是皇帝贴身禁卫军。明初的军制比较简单，其基层单位是"卫"和"所"，每卫辖正规军士约5000人，其下设所，分为千户所和百户所，京城的禁卫军所辖卫所为48处。洪武十五年（1382），朱元璋决定改革禁卫军，建立了12个亲军卫，其中最重要的就是"锦衣卫"。

锦衣卫的首领称为指挥使，通常由皇帝的亲信武将担任，很少由太监担任，其职能是"掌直驾侍卫、巡查缉捕"。负责执掌侍卫、展列仪仗和随同皇帝出巡的锦衣卫，基本上与传统的禁卫军没什么两样。例如锦衣卫中的"大汉将军"，明初约有1500人，明末则达5000余人，这些所谓的"将军"，其实主要的工作就是负责在殿中侍立，传递皇帝的命令，同时承担宫中的保卫工作，而这些都是传统禁卫军的基本职责。至于"巡查缉捕"，则是锦衣卫区别于其他各朝禁卫军的特殊之处。其实朱元璋建立锦衣卫的初衷也只是用来行仪仗和侍卫之职，然而生性猜忌多疑的朱元璋在向明初的开国功臣们举起屠刀后，越来越感觉司法机构如刑部、大理寺、都察院并不可靠，于是便对身边的锦衣卫的职能进行调整，原本只是负责宫廷保卫的锦衣卫便拥有了侦辑、刑讯的职能，变成超越正常司法体系的御用特务机构。

负责侦缉刑事的锦衣卫机构是南北镇抚司，南北镇抚司下设五个卫所，其统领官称为千户、百户、总旗、小旗，普通军士称为校尉、力士。校尉和力士在执行缉盗拿奸任务时，被称为"缇骑"，缇骑的数量，最少时为千余人，最多时达六万之众。锦衣卫官校一般从民间选拔孔武有力、无不良记录的良民入充，之后凭能力和资历逐级升迁。北镇抚司专理皇帝钦定的案件，拥有独立的监狱，可以自行逮捕、刑讯、处决，不必经过一般司法机构。锦衣卫这种独立于外的办案体系给自己蒙上了一层神秘的色彩，也使自己成为恐怖的象征。

有人认为，由于明初两代皇帝朱元璋、朱棣权力合法性危机一直存在，二者对皇权的维护和巩固有着其后继者所没有的强烈欲望，这就使得锦衣卫"巡查缉捕"的职能被无限度扩大了。按规定，锦衣卫的工作主要是侦察各种情报、处理皇帝交付的案件也就是诏狱。由于其直接向皇帝负责，因此正常的司法机构都没有能力干涉限制他们的活动，于是便常常出现缇骑四出，上至宰相藩王，下至平民百姓，都处于他们的监视下，对他们的命令只要稍有拂逆，就会家破人亡，这导致全国上下笼罩在一片恐怖气氛之中。有明一代，北镇抚司大牢中经常关满了各种无辜的人们，死于锦衣卫酷刑之下的人士更是不计其数。在中国绵延数千年的专制统治历史上，特务统治并非明朝首创，恐怖气氛也时有出现，"道路以目"便是历史上恐怖时局的真实写照。然而，前朝历代的恐怖统治大多都仅限于某一特定的历史时期，如武则天为争夺李唐天下就曾大行特务统治，致使当时一度告密风行，酷吏当道，全国陷入恐怖之中，一旦其掌握了权力，便很快改变了这种恐怖的氛围。然而，明朝的特务恐怖统治几乎从未间断，这种无节制的滥捕极大地影响了皇帝与官僚机构之间的关系，使百官、民众、军队与皇帝离心离德，难怪有人说明朝不是亡于流寇，而是亡于厂卫。

锦衣卫另一项臭名昭著的职能就是"执掌廷杖"。廷杖制度始自明朝，是皇帝用来教训不听话的士大夫的酷刑。一旦哪位倒霉官员触怒了皇帝，就会被宣布加以廷杖，立刻被扒去官服，反绑双手，押至行刑地点午门。在那里，司礼监掌印太监和锦衣卫指挥使一左一右早已严阵以待。受刑者被裹在一块大布里，随着一声"打"，棍棒就如雨点般落在他的大腿和屁股上。行刑者为锦衣卫校尉，他们都受过严格训练，技艺纯熟，能够准确根据司礼太监和锦衣卫指挥使的暗示，掌握受刑人的生死。如果这两人两脚像八字形张开，表示可留杖下人一条活命；反之，如果脚尖向内靠拢，则杖下人就只有死路一条了。杖完之后，还要提起裹着受刑人布的四角，抬起后再重重摔在地上，此时布中之人就算不死，也去了半条命。廷杖之刑对士大夫的肉体和心灵都是极大的伤害，但明朝的皇帝却乐此不疲，锦衣卫将校对它更是情有独钟。

一般认为东厂的发明者是明成祖朱棣。在发动"靖难之役"夺取了侄子的皇位后，朱棣一直面临皇位合法性的危机，一方面，建文帝生死不明，复位威胁并未彻底消除；另一方面，朝廷中的很多大臣对新政权并不十分支持。为了用强力巩固皇位，成祖迫切需要一个强有力的专政机器，由于锦衣卫设在宫外，调用不便，于是准备新组建一个特务机构。当初在朱棣起兵举事的过程中，一些宦官、和尚如郑和、道衍等人出过大力，所以在朱棣的心目中，还是觉得宦官比较可靠，而且他们身处皇宫，联系起来也比较方便。就这样，在明成祖迁都北京之后，建立了一个由宦官掌领的侦缉机构，由于其地址位于东安门北侧，因此被命名为东厂。东厂的职能是"访谋逆妖言大奸恶等，与锦衣卫均权势"。

东厂的侦缉范围十分广泛，朝廷会审大案、锦衣卫北镇抚司审问重犯，东厂都要派人参与；朝廷的各个衙门也都有东厂人员坐堂，以监视官员们的一言一行；一些重要衙门的文件，如兵部的各种奏报，东厂都要派人查看；甚至连百姓的日常生活、夫妻吵架，也在东厂的侦察范围之内。东厂获得的情报，可以直接向皇帝报告，相比锦衣卫必须采用奏章的形式进行汇报，更加便捷。

东厂衙门的布置与普通衙门不同。大厅旁边的小厅，供着岳飞的雕像，历届东厂厂主的牌位，则供奉在大厅西侧的祠堂里，堂前还有一座"百世流芳"的牌坊。与东厂人员的所作所为相对照，供奉岳飞的塑像实在是对岳飞的不敬，而那些东厂厂主竟号称"百世流芳"，真可以说是一个天大的讽刺，事实上"遗臭万年"的牌坊更适合他们。

东厂番子每天在京城大街小巷里面活动，可以说是无处不在。据史载，曾有数人在密室中喝酒，其中一人喝醉了，大骂起当时执掌东厂的魏忠贤，结果骂声还没停下，东厂的密探就已经破门而入将其逮捕。事实上，东厂的密探们并非完全为朝廷办事，更多的是为自己谋私利。他们常常罗织罪名，诬赖良民，然后屈打成招，趁机敲诈勒索。到了明朝中后期，东厂的侦缉范围甚至扩大到了全国，连远州僻壤，也出现了东厂密探的身影，一时举国上下人人自危，民不聊生，人们看到这些"鲜衣怒马作京师语者"就马上避开，以免遭到飞来横祸。在与锦衣卫的关系上，东厂则是后来居上。由于东厂厂主与皇帝关系颇为密切，又身处皇宫，时时在皇帝身边，更容易得到皇帝的信任。东厂和锦衣卫，逐渐由平级变成了上下级关系。

与东厂的长期设置不同，西厂在明朝历史上只短期存在过。明宪宗成化年间，京城等地出现了一系列神秘的"妖化"事件，尽管主其事者先后被捕，但宪宗由此深感宪侦力量的不足。于是他选任小太监汪直，派其往宫外打探各种消息。汪直趁机四处捕风

锦衣卫木印

捉影，搜罗了大量所谓的"秘密情报"向宪宗报告。宪宗对汪直的表现十分满意，要他继续做下去。不久，宪宗便设立了一个新的内廷特务机构——西厂，由汪直负责主持。西厂从禁卫军中选拔军官，然后再由其自行选置部下，不足月余，西厂人员便得到极大扩充，其势力曾显赫一时。

有人认为，宪宗皇帝设立西厂的初衷，只是为了让其侦探消息，但小太监汪直为了快速建立"功业"，大肆制造冤假错案，以遂其讨好主子之心。从西厂设立之初，经其手办的案件数量之多、速度之快、牵扯人员之众均大大超过了东厂和锦衣卫。西厂的侦缉网遍布全国，其打击对象主要是被认为有不轨之言行官员，一旦怀疑某人，便立刻逮捕，而且通常事先不必经由皇帝同意。

西厂成立半年后，由于其手段恐怖，弄得朝野上下人人自危。大学士商辂等辅臣集体上书，向宪宗举报以汪直为首的西厂所做的不法之事。宪宗闻言，十分震惊，遂废置西厂。但月余不到，失去安全感的宪宗又将西厂恢复，并复用汪直。在接下来的几年中，西厂权势达到了巅峰。但由于汪直权力的极度膨胀，也逐渐引起了皇帝的警觉。不久，汪直遭皇帝冷落，在与东厂、锦衣卫等组织的权力角逐中遭到失败，西厂也随之解散。

除东厂、西厂外，明朝宫内特务机构中还有一个不太为人所知的组织——内行厂。明武宗时，大太监刘瑾掌权，宦官势力一度十分强盛，西厂再次设立，由太监谷大用负责统领。但东厂、西厂两家由于权力争夺，关系一度相当紧张。在此情况下，刘瑾便又设立一个内行厂，由其本人直接指挥。内行厂的职能与东、西厂相当，但其侦缉范围却更广，甚至包括对东、西厂和锦衣卫的监督。一时间，宫内宫外四大特务机构并存，缇骑四出，天下骚动。直到五年之后刘瑾倒台，明武宗才将西厂和内行厂一并废止。

"丁丑会试科场案"之谜

从隋朝大业元年（605）创制科举选士制度以来，为体现其"公平"，科举考试中一直坚持"人不分贫富，地不分南北，唯以文章学问是赖"的原则。但耐人寻味的是，到了朱明王朝，却在科举考试中明确规定，人分南北，卷以率取。为什么明朝科举考试时一反常例，试卷要作南北之分？这还得要从明初的一个小故事说起。

明洪武三十年（1397），全国举行会试，因这一年是农历丁丑年，故史称"丁丑科会试"。主考官刘三吾、白信蹈等所取宋琮等52人，都为南方人。北方士子哗然，称"三吾南人，私其乡"，不满之余，纷纷指责其在录取中偏袒

明代官吏常服　这种袍服是明代男子的主要服式，不仅臣宦可用，士庶也可穿着，只是颜色有所区别。

同乡，有舞弊之嫌。明太祖下令侍读张信等人对此进行复查，复查结果认为刘三吾并未舞弊违法，原榜维持不变。北方举人不服，上疏朱元璋说，张信与刘三吾互相勾结，故意挑出北方人的劣等卷子送呈皇帝，肆行欺骗。朱元璋大怒，竟处死白信蹈、张信和当科状元等人，刘三吾已85岁，以年老免死，革职充军。

随后，朱元璋亲自阅卷，钦定任伯安等62人为进士，全部是北方人，于同年夏天发榜。

事实上，1397年发生的这次重大科场案件，并不是一场真实的科举舞弊和反舞弊事件，其背后有着明朝统治者明确的政治目的。

科举以文取士，久成定制。相对于经济文化较发达的南方而言，北方士人在进士科中，往往居于劣势，而向以"尚文"著称的南方人自晚唐北宋以来，在进士科考中久占压倒优势，这已是不争的事实。有人曾做过统计，终明一代，各科状元共89人，其中南方籍的就有75人，占总数的84.3%；北方籍13人，其他地区（如中部地区）只有1人。建文年间，各科进士共106人，其中南方籍的有89人，占总数的83%；永乐年间，各科进士共1819人，其中南方籍的共有1519人，也占83%。上述数据都说明了南方士子久执科考试场之牛耳。因此丁丑会试录取的多为南方人并没有什么反常的地方。

再就刘三吾本人而言，他徇私舞弊的可能性极小。自从追随朱元璋以来，他就一直受到器重，主持过多种重大典章制度的拟定，是经验丰富、值得朱元璋信赖之人，也的确是比较正派的官僚。《明史》曾称他"为人慷慨，不设私府，自号坦坦翁，至临大节，屹乎不可夺"。而在洪武三十年以前，朱元璋严酷暴虐的面目已暴露无遗。刘三吾亲眼见到众多的元老旧臣如何被加以荒谬的罪名诛杀一空，其手段之残忍、株连之广泛，足令刘三吾等剩下的各级官僚战战兢兢，惟恐祸从天降，已经85岁高龄的刘三吾哪里敢为包庇同乡这种不值得的小事去触犯暴君的逆鳞？

上述二理由足以说明，丁丑会试中南北榜事件绝非简单的舞弊与反舞弊事件，其背后尚有其他不为人知的原因。事实上，这是朱元璋笼络北方士人的一种策略，其目的是为了加强中央集权，巩固明王朝的封建统治，而这又是由当时国内政治形势特别是北部边疆的军事形势所决定的。

明朝建国以后，国内仍有不少元代遗老眷恋前朝，不愿与朝廷真心合作，民心向背问题仍未完全解决。另一方面，明朝建国后，前元的残余势力仍不断侵扰明朝的北部边疆，并和明朝国内的亲元势力内外呼应，这对于政权初定、脚跟未稳的洪武政权而言，显然是一个不容忽视的问题。尽管朱元璋数次对北方用兵，但这些大规模的军事行动在给北方造成不小的威慑的同时，也极易导致北部民众对明中央的离心倾向。这些问题的存在，朱元璋是很清楚的。在采取军事威慑的同时，他也试图通过其他怀柔手段来笼络北方，支持并满足北方士子在科举考试中的要求，便是其中一项重要的举措。

看似反舞弊的丁丑会试科场案，实际上是朱元璋出于"北方人士服属于元较久，虑遗民犹有故元之思"的顾虑，遂"假以科名笼络之"，而生案端。刘三吾坚持"江南本多俊才"，自信并未舞弊，"不悟太祖之意，致惹此祸"。

此事过后的次年，朱元璋死去，尚未来得及把按地域分配进士名额的想法定为制度。到洪熙元年（1425），明仁宗"命杨士奇等定取士之额，南人十六，北人十四，后又令南北各退五卷为中卷，南取五十五，北取三十五卷，中取十卷，仍百人为率。"也就是说，明仁宗时期，科举考试录取的进士数开始有了南、北比例，南、北士子根据录取总数按比例分摊录取名额。因为录取进士不仅仅根据考试的成绩，还与考生的籍贯有关，因此考生必须在考卷上注明"南"、"北"字样。由于南方考生在以往科举考试中占有绝对优势，因此分南、北录取，可以保证北方一定的录取名额，无疑对北方考生是有利的，因此受到北方考生的欢迎。史载"往年北士无入格者，故怠惰成风；今如是，则北方学者亦感奋兴起矣。"明仁宗时期的这次南、北分别录取可以视作会试中卷分南北、分区取士制的开始。自此以后，科举考试中开始实行南北方举子分卷，直至清朝依然袭用这一方法，并在此基础上有所发展。

大槐树移民之谜

"问我祖先来何处，山西洪洞大槐树。祖先故居叫什么，大槐树下老鹳窝。"这是几句至今仍然流传在山东、河北、河南、江苏、安徽等地的歌谣。它为什么能够被流传到今天？这里面究竟包含着一个什么样的故事呢？

元朝末年，由于连年不断的天灾人祸，使黄淮流域的广大地区"尸骨遍于野，千里无人烟。"朱元璋建立明朝后，为了填补豫、鲁、苏、皖、冀等地因战乱和灾荒流失死亡的人口，恢复和发展生产，巩固自己的统治，开始实施移民政策。

山西表里河山，易守难攻，因而避免了各种战乱和自然灾害的侵袭，农业生产比较发达，再加上当时的人们为躲避灾难，纷纷涌进山西，尤其是晋南一带，这就使得山西人口迅猛增长，据说当时山西的总人口为河北、河南人口的总和。人口增长过快，使山西地狭人稠，出现民多无田的现象。

洪洞县是明朝山西平阳府第一大县。洪洞地处晋南，为南北东西的交通要道，贯通南北的古官道就从城北广济寺的大槐树下通过。洪武、永乐年间，明政府就在洪洞广济寺的大槐树下设局驻员，组编队列，发放"凭照川资"，组织了18次大规模的移民。当然，迁移的不只是洪洞人，因为洪洞大槐树是各地移民汇集、开拔外迁的集散之地，因而，移民也就把洪洞大槐树作为祖先的居住处所。

中国历史上的大规模移民曾存在自然移民和官制移民两种形式。自然移民多因天灾兵患造成，属逃亡性的大迁徙；官制移民是官方有目的有准备而实施的强制性迁民行为，主要是为了调节军事政治或经济诸方面的失衡。

在民间还流传着关于大槐树移民中的许多具体传说。其中有一个传说认为，大槐树移民与明初功臣胡大海有关。元朝末年，胡大海来到河南林县行乞，人们不但不给他饭吃，还嘲笑辱骂他。后来，胡大海参加了朱元璋领导的农民起义军，他骁勇善战，为朱元璋建立明王朝立下了汗马功劳。朱元璋登基后，大赏群臣，胡大海却什么都不要，只请求朱元璋让其到河南报仇。朱元璋念他是开国元勋，踌躇再三，答应他可以前往河南报仇，但是"只准一箭之地"。胡大海责令部将王虎带兵前往林县。来到了林县，正巧有一只老雕飞过，王虎一箭射在老雕的身上，老雕带着箭飞遍全县，王虎也带着兵杀遍全县。一时间，林县尸骨遍野，血流成河。胡大海闻听此事，怒斩王虎，并亲自向皇上请罪。皇上念其功高，且能主动请罪，不再追究，只得下令从洪洞大槐树移民到河南。

另一个传说则认为大槐树移民与明初的靖难之役有关。朱元璋死后，皇孙朱允炆登基，就是建文帝。建文帝为加强中央集权，决定削藩，却惹恼了他的叔叔燕王朱棣，他打着"靖难"的旗号，在北京发难，率军向南京攻打。燕王与建文帝在河北、山东、河南、江苏等地展开了大战。经过长达四年的战争，终于攻克南京，燕王登基做了皇帝，就是明成祖。由于长期的战乱，造成江北地区"千里无人烟"的局面。当时燕王的军队都头戴红巾，百姓称之为"红虫"，于是民间就有了"红虫"吃人的传说。"红虫"把人都吃光了，明成祖即位后，便下令从洪洞大槐树移民到河南、山东、河北、安徽、浙江一带开荒种田，发展农业生产。

可以说，明初把大规模移民作为建国后恢复中原地区经济的一项基本政策，确实取得了很好的效果，它对于恢复农业生产，发展经济，实现社会安定，巩固封建统治起到了很大的作用，但同时也给被移民者带来了巨大的痛苦。

据说，刚开始的时候，政府广贴告示，说不愿移民者需到洪洞大槐树下集合，并规定时限，于是人们纷纷来到大槐树下。有一天，晋北、晋南、晋东南三日之内在大槐树周围集中了十几万人。突然，这十几万人被武装军队管制起来，被告知大明皇帝有令，凡到大槐树下集中者一律迁走。之后便强行登记，强行发给凭照，人们踏上了不知何时能返的移民之路。据《明实录》记载，移民活动多在晚秋时节进行。此时百草凋敝，大槐树也叶落几尽，惟余满眼的老鹳窝。每当官差下令启程，这些移民祖先们无不泪横满面，缓缓而行，三步一驻足，五步一回首地寻望家乡故里，越走越远，越走越难再见家乡景象，最后只能看到大槐树上的老鹳窝和栖息树间的老鹳在深秋时节无奈的悲鸣。于是，大槐树上的老鹳窝就成了记忆在移民祖先脑中惟一的家乡标志。

辛亥革命后，袁世凯命巡抚张锡銮率三镇兵卢永祥部进攻山西革命军。卢军所到之地肆意抢劫，不余一家，不遗一物。浩浩荡荡的队伍准备血洗洪洞城，当部队临近县城外的古大槐树时，奇迹发生了：冀鲁豫籍的官兵们纷纷丢盔弃械奔至大槐树下，折槐枝为香，下跪参拜，说是回到大槐树老家了。无论怎么发号施令，都无法使队伍集合起来。由此，洪洞县城数十万百姓免于一场血光之灾。后来，为感激大槐树的功德，当地的人们便在树旁边建起一座匾坊，题刻"荫庇九洲"四个大字。民国三年，由景大启等人集资募捐，在原大槐树下修建了碑亭。亭中竖立石碑一座，正面篆刻"古大槐树处"五个大字，背面刻有叙述迁民事略的碑文。碑亭后面的窑顶上竖立着金代经幢，它是当年迁民情景惟一存世的目击者，也是惟一的遗物。

明代宫廷出入证
牙牌是官员出入宫禁的通行牌，有象牙制、铜制。使用时系于腰间，备出入宫禁查验。

如今，大槐树移民已经过去600余年了。不论具体史实是什么样的，现在从大槐树迁出的移民已经遍布全国四面八方。有人根据《明史》《明实录》《日知录之余》等正史及笔记、家谱、碑文、信函等资料统计，明朝洪洞大槐树移民姓氏共800余个，移民分布共18个省（市）500余县（市）。其中：河南106县（市），北京、天津、河北129县（市），山东92县（市），江苏、安徽、湖北、湖南62县（市），陕西、甘肃、宁夏51县（市），山西34县（市），内蒙9县（市），辽宁11县（市），吉林3县（市），黑龙江3县（市），广西1县。现在，每当人们提起洪洞县，每当人们说起大槐树、老鹳窝，除了回忆起当年祖先移民的痛苦经历外，人们还会想到他们开垦农荒，创建家园的艰辛历程，而他们的精神也已经内化到了中华民族的传统美德中去了。

大明王朝历史之谜

明建文帝踪迹之谜

朱元璋死后，他的孙子建文帝以皇太孙的身份即帝位，而各位叔叔在内心并不敬服。建文帝进行的削藩，使他与诸王矛盾公开化。靖难之役，燕王攻克南京，建文帝战败。建文帝的最后下落，或说他自焚而死，或说他被杀，也有说他为僧后浪迹天涯。究竟哪一说为真？

朱元璋建立明朝，制定了一套嫡长子继承皇位、余子分封王爵的制度："国家建储，礼以长嫡，天下之本在焉。"又说："居长者必正储位，其诸子当以封王爵。"而且还规定："兄终弟及，须立嫡母所生者，庶母所生，虽长不得立。"在《明史》中记载了明朝的制度：皇子封亲王，授金册、金宝，岁禄万石，府

〇一九

楼阁人物金簪 这只簪子用浑金打成，分两层楼阁，各有人物，情态各异，表现了充满生气的生活场景。整个簪子又呈一枚树叶形状，以精细的花边将楼阁、人物包围起来，使之具有完整性和实用性。

置官属。亲王嫡长子，年及十岁，就授金册、金宝，立为王世子，长孙立为世孙。为巩固朱姓天下，从洪武三年开始，朱元璋模仿汉高祖，大封诸子为王。此后又屡将自己的儿子全部分封到各地为王，辽、宁、燕、谷、代、晋、秦、庆、肃等王是其中实力最强者，诸王成了皇权的重要支柱。

明太祖对自己死后的嗣位十分重视。洪武三十年（1397），他生了大病，认为自己可能不久于人世，就命足智多谋的李淑妃自尽，以防像唐朝一样出现"武后之祸"。太祖的长子朱标，为马皇后所生，洪武二十五年（1392）因病医治无效死了，再选一个继位者成了朱元璋十分紧迫的事情。朱标子朱允炆生下来时额颅稍偏，人虽聪颖，但仁柔少断，朱元璋觉得不是最适合。燕王朱棣智虑过人，性格像朱元璋，朱元璋十分钟爱他，一度想把皇位给他。朱标死时已有五个儿子，嫡子早殇，次子朱允炆也已长大，朱元璋要舍孙立子，不合自己制定的礼仪。于是他召开群臣大会，以欲立燕王朱棣之意询问诸臣，学士刘三吾当场反对："皇孙年富，且系嫡出，孙承嫡统，是古今的通礼。若立燕王，那么秦王、晋王该怎么办？"这样朱允炆就成了皇位的继承人。

各地分封的藩王，都恃叔父的尊严，看不起侄儿朱允炆，只是因为父皇还活着，大家隐忍不发罢了。洪武三十一年（1398）朱元璋死，在遗嘱中他称赞皇孙朱允炆人很聪明，讲究孝道，希望各位大臣尽心辅助，各地诸王驻守原地，不用赴京奔丧。几天后朱允炆即位，称明惠帝，改元建文，所以又叫建文帝。建文帝明白各地藩王实力强大，战功卓著，就以太祖遗诏为由，禁止各位王叔入京，朱棣人已到淮安，只能调头回到北京，内心充满着怨恨。

建文帝上台后，对王叔们不把他放在眼里十分忌恨。特别是力量最强大的朱棣，入朝见他时竟然立而不拜，令他十分恼火，遂着手作削藩的准备。他先是将周王贬为平民，后接连治代王、岷王、湘王、齐王等罪。接着在自己当年的伴读老师黄子澄等人的谋划下派人到北京去，控制燕地兵权，监督燕王行动。建文元年（1399）七月，建文帝走出了最为冒险的一步，他命北平左布政使张昺等发兵逮捕燕王，但早有准备的燕王把张昺等全部擒杀，以"清君侧"为名，打着靖难的旗帜，废除建文帝的年号，续称洪武三十二年，正式开始了靖难之役。

靖难之役共历时四年，至建文四年（1402）六月，朱棣兵临南京城下，守卫京城的大将李景隆开门投降，朱棣带兵入城，在任官员四处逃窜。气急败坏的建文帝下令放火烧宫，当燕王来到皇宫时，宫中已是一片火海，建文帝不知去向，所使用的宝玺也随他一起消失。建文帝哪里去了？

正史记载建文帝在宫中自焚而死。当燕王到来时，建文帝自知大势无可挽回，遂纵火自杀。《太宗实录》说，朱棣兵攻至南京城下，文武百官诸王无计可施只能前来见皇帝，建文帝想出去迎接，想不到左右的人已全部散尽，仅有内侍太监数人而已。建文帝叹曰："我何面目见耶。"就关了门自焚而死。朱棣上台后，在给朝鲜国王的诏书中就谈到："不期建文为权奸逼胁，阖宫自焚。"但建文帝是否真死于自焚，很多人表示怀疑。因为事后朱棣命太监在火烧后的余烬中反复搜检，发现了皇后和太子朱文奎的遗骸，就是不见建文帝的。《太宗实录》说朱棣是找到了建文帝，并令以皇帝规格举行葬礼，但明清两代从未有人提到在南京附近有建文帝的陵园。《春明梦余录》谈到明末有人请崇祯帝将建文帝列入祀典，崇祯叹道："建文无陵，从何处祭？"上世纪三十年代，明清史专家孟森就认为虽然《明实录》载建文帝在宫中起大火时烧死，但明代就无人相信。清朝修《明史》说"燕王遣中使出帝、后尸于火中。"这是因为康熙时朱三太子案搅得人心惶惶，"故有此曲笔耳"。

没有被火烧死，建文帝哪里去了？孟森认为在宫中火起之前，建文帝逃出去了。《明史·姚广孝传》谈到永乐十六年（1418），84岁的姚广孝不能入朝，成祖到庆寿寺去看望，问姚有什么事要他办。姚什么也没说，惟独说起僧人溥洽被关了很长时间，希望皇帝赦免他。溥洽是建文帝的主录僧，有人说他知道建文帝的去向，明成祖以其他事情为借口将他关了起来。如果成祖找到了建文帝的尸体，何必还要将溥洽关起来而追寻建文帝的踪迹？《明史》中还说成祖怀疑建文帝出走，所以派了胡濙到天下各地去寻找，还派郑和下西洋，如果成祖有建文帝的下落，何必还要遍访十余年？

此后有人指出，嘉靖年间郑晓的《建文逊国记》，是明确认为建文帝逃出金陵城的第一部书。

照上面的说法，建文帝可能是逃出去了。逃出后的建文帝在干什么？

有人认为他是做和尚去了。《明史·程济传》说："金川门启，济亡去。或曰帝也为僧出亡，济从之，莫之所终。"南京城被攻破而程济失踪了，所以人们怀疑他与建文帝一起做和尚了。《明朝小史》对建文帝的去向说得活龙活现：太祖病重时，给了建文帝一个密封的小匣子，让他只有到了危难时才可开启。到靖难兵入城时，建文帝想起了小匣子，把它打开，原来是和尚的一份度牒。于是削发披缁，从地道中逃出。有人认为建文帝城破前与杨应能、叶希贤一起削发为僧，法名"应文"。明成祖曾向天下寺院颁布了《僧道度牒疏》，将所有僧人重新造册登记，对僧人进行过总调查，目的是为了寻找出建文帝。从永乐五年（1407）起，他还派胡濙以寻仙人张邋遢为名四处出巡，一找就近二十年。有人指出，朱棣死后，建文帝才回到北京，迎入西内，死后葬在西山。更有人声称在西山找到了建文帝的墓地。

当了和尚的建文帝到过些什么地方？许多人认为建文帝以僧人的身份浪迹天涯，足迹遍及江苏、浙江、四川、贵州、云南以及缅甸等地。有人指出建文帝曾到重庆三次，住在大竹山善庆里。有人认为，建文帝出亡在近不在远，不是在云、贵、川、粤，而是在吴县的穹隆山皇驾庵，永乐二十一年殁亡，葬于皇驾庵后的山坡上。有人认为徐霞客在贵州广顺东南的白云山间，看到建文帝手植的巨杉二株，树西半里的古寺，是建文帝所立。也有人认为建文帝是以滇为家，在最初三十多年中，为躲避朝廷追缉，他行踪不定。《神宗万历实录》记载，万历二年，首辅张居正曾说："先朝故老相传言：建文帝当靖难师入城，即剃发披缁，从间道走出。后云游四方，人无知者。至正统间，忽云游至云南，邮壁上题诗一首。"明代人就认为他主要在云南活动。《明史》也说："或云帝由地道出亡。正统五年，有僧自云南至广西，诡称建文皇帝。"明清以来流传的许多地方文献，都可说明建文帝曾在滇中、滇西留下了足迹。有人认为建文帝到南洋去了。成祖找不到建文帝，始终有一块心病，他害怕建文帝没有死，会召集人马用朝廷的名义来讨伐他，于是派出郑和下西洋，一方面当然是为了宣扬国威，另一方面是为了寻找建文帝的下落。在随郑和下西洋的人中，有的竟然是锦衣卫的人员，他们主要任务是针对建文帝的。

郑和下西洋是为了找建文帝的说法，被很多人反对。有人指出，燕王朱棣攻下国都南京，火烧皇宫，但没有找到其侄建文帝的遗体。朱棣虽马上自号永乐帝，但对于此事及建文帝遗臣逃散各地，可能仍有挂怀。明朝历史文献里，留有一些建文帝可能没有被烧死而逃亡海外之传言，甚至有说其出家二十年后返北京之故事。所以，人们认为永乐帝派郑和下西洋主因之一为追寻建文帝。此种说法不可能成立，因为郑和每次出使海外都是那么浩浩荡荡，建文帝若亡命海外，当闻风而躲藏起来，大规模下西洋寻建文帝绝非有效之方法。目前，绝大多数学者已不相信此说。但历史小说常常为了戏剧化的效果，还在强调这种可能。

文帝出逃做和尚的说法为许多人津津乐道，但也有学者发表了不同的声音，他们认为为僧之说不足信，因为当时京师内宫并无秘密地道或御沟通往城外，所谓剃发为僧、云游四方，都是民间传说而已，是无稽之谈。这大概是明成祖明白自己是抢夺的帝位，"欲曲讳其自弑恶名，故反隐播此说"，这样做是想说明他还没有致建文于死地，而后来的文人不明其理，"缘饰其间，遂成千古疑案。"也有人认为建文帝既非自焚，也非出亡，而是被成祖所杀而灭迹。

建文帝究竟哪里去了？ 如果说建文帝是自焚死了，的确是无法解释史书中的种种矛盾；如果说建文帝是出逃为僧了，但大多是笔记小说和民间传说所记，确凿有力的证据还十分缺乏。郑和下西洋是否全是为了寻找建文帝，也是很难说的。这个谜案在目前是不易解决的。

明成祖迁都之谜

朱元璋建立明朝后，曾有意把首都建在汴都关中，只是年事已高，又不想劳民，才没有下决心从南京迁都。明成祖朱棣上台不久，即着手迁都北京。朱棣与北京有着特殊的关系，迁都的原因显得十分复杂。也许他决定迁都是各种因素综合的结果。

明太祖朱元璋起兵后，就有儒士对他说："金陵古称龙蟠虎踞，帝王之都。"如果"定都建康，拓地江、广，进则越两淮以北征，退则划长江而自守。"明朝刚建立，为有效控制各地，朱元璋一度曾想定都汴梁，"以金陵为南京，大梁为北京，朕于春秋往来巡狩。"这时大臣纷纷进言，或认为长安可作为都城，或认为洛阳更好，河东、汴梁也不差。直到洪武十一年(1378)，才正式下令以应天府为京师。学者们认为定都应天，朱元璋更多的是从经济上着眼的。不

明·青花花卉纹盖罐

过，定都南京他不是十分满意，他曾说："本欲迁都，今朕年老，精力又衰，又天下新定，不欲劳民。"他有迁都的意愿，最后却没有完成，只能留给他的子孙们去做了。

建文帝即位，为处理国内矛盾，还无暇顾及都城的位置是否合理。

明成祖朱棣登上帝位不久，决定要迁都北平。从永乐四年(1406)起，他就派官员到湖广、四川、江西、浙江、山西等省采集木材、石料。同时，全国优秀工匠及百万民工也被征集到北平，参照历代建都成规，仿照明太祖南京宫殿的样式，对北平进行大规模改造。在北平改建的过程中，为了保证将来都城的物资供应，从永乐九年起，开始了对运河的大规模治理，会通河的整治是其中最主要的工程。

永乐十九年(1421)，北平的改建基本完成。以紫禁城为中心，外面环绕着周长18里的皇城，再外是周长45里的京城，宏伟壮丽，超越前代。这年正月，成祖及文武百官迁到北平，诏令改北平为北京。此后，北京就成为明清两朝的京城。

使人有所疑惑的是，南京的确是龙蟠虎踞之地，有长江天堑，完全可以成为一国的都城，明成祖为什么还要迁都？

自明末以后，人们论述明成祖迁都往往从北京的地理位置和物产丰富的角度来看这一问题。如郑晓在《今言》中说："京畿负重山，面平地，饶鱼盐谷与果蓏之利，又转漕东南，财货骈集，天险地位，足制诸胡。"古人常认为北京是朱棣的龙兴之地，物产丰富，供给方便，朱棣迁都也是必然的。

近代以来，人们对迁都问题的认识走向深入。著名史学家吴晗认为迁都是抵御蒙古人入侵的需要。以北京作为政治、军事中心，可就近指挥长城一线的军事防御，抵抗蒙古的军事进攻，保证国家的统一，从这一点来说，"明成祖迁都北京是正确的。"很多人都支持这种观点，认为明成祖迁都与当时边防形势有关。朱棣有二十余年的藩王生涯，他在北方筑城、屯田，与北元打了多次仗，感到北平是天时地利之所在。他深深地体会到北元残余势力的威胁，所以一登上皇位，就马上确立了开拓进取的国策，在与北元接近的地理位置建都，把全国政治中心放在战争的前线，与元人进行针锋相对的斗争，求得边防的安宁和王朝的巩固。北平山川形胜，足以控四夷制天下，可以俯视大河上下，兼顾漠北，还放眼于东北的黑龙江、贝加尔湖一带，以及西北的哈密或更远的地域。

　　另有一种意见基本赞同明成祖迁都的重要因素是为了巩固北部边疆。永乐元年九月，贵州镇远侯顾成对朱棣说，云南、两广远在边陲，民间虽有变乱，不足系心。东南海道，虽倭寇时常出没，但都是一时的剽掠，只要令海防部队严加提防，也不足虑。而北部的故元势力会成为明朝的主要威胁。朱棣对顾成的建议十分重视，从此以后他有了迁都的准备。维护北部边疆的稳定，造福子孙后代，看来是他迁都的主要原因，因而他不惜耗费巨大的物力、财力、人力疏通运河，为北京输运粮饷。他营建北京宫殿、迁都的主要动机，是出于当时政治、军事的需要。

　　也有观点认为迁都还有其他原因，如北京是燕王发迹之地，朱棣起事时的宿将谋臣，多为燕邸、北平都司及燕山三卫所属的将校，功成之后难免有恋乡之情，长期驻在南京就不太合适。另一方面，朱棣的靖难，表面上看义正词严，但其得位后大量戮杀建文帝的臣子和家属，按照封建伦理，难免有失忠、恕、仁、义，这给朱棣的心理带来了一种不安的感觉。因此离开南京，将京师建立在自己熟悉的北京，心理上也会得到某种平衡。

　　有人指出，朱棣迁都的目的是很不简单的。他要迁都，不仅因为北京曾是他的藩邸，是他兴王创业的基础，还因为应天是他父亲朱元璋和侄子朱允炆做皇帝的地方。朱允炆是朱元璋所立的合法皇帝，却被朱棣用武力推翻。如果朱元璋死而有灵，他不会发怒吗？朱棣坐在他们两位曾经坐过的位子上心里是不会安宁的。当他面对祖宗的陵寝想到死后要葬在朱元璋身旁时，是会感到自惭无颜的。朱棣很讲究迷信，即位后多次请番僧大做法事，有一次法会做了七天七夜，他不就是想在冥冥中得到朱元璋的原谅吗？这就是为何他早在正式迁都之前便开始在北京营建陵寝的原因。另外，初登大位时，朝野汹汹，天下不稳，无人知道建文帝在哪里，朱棣十分担心反对势力会东山再起，因而很有必要巩固自己的基础地盘。为此他一方面大规模地向北京移民、屯田，安抚流民复业，另一方面又调集各地精兵至北京，以加强守卫力量。毫无疑问，永乐帝迁都的首要目的是为了巩固自己的皇位。

　　朱棣有一个"英雄之略"，即他想"控四夷以制天下"，使"远方万国无不臣服"，他一生的大量活动都是为了这个总目标。忽必烈及其子孙是在这里君临天下的，雄心勃勃的永乐皇帝正是要追随他们的足迹，建立一个举世无匹的庞大帝国，为此他多次率师出塞，又遣将南征安南，而迁都就是实现其英雄之略的重要举动。

　　永乐帝迁都至今已近600年，"为什么要迁都"恐怕只有他自己才讲得清楚，这已经成了一个留给历史学家们争论的谜案。问题是如果我们看到了迁都对明王朝的安宁有那么多积极作用的话，那么为什么要迁都其实已显得不怎么重要了。明清两代直到今天，北京一直作为政治中心的事实，已经说明永乐帝的迁都是十分正确的。

明成祖屠杀宫女之谜

明成祖朱棣在历史上很有作为，但他又是一位性格固执、刚愎自用、猜忌多疑、杀人如麻的皇帝。永乐年间，他大肆屠杀宫女、宦官，在两次大屠杀中，有近3000名宫女被杀，为明朝后宫最大的惨案。如此滥杀宫女，许多人不明白明成祖此举目的何在。

明成祖朱棣（1360—1424），1402年至1424年在位，年号"永乐"。他是明太祖朱元璋的第四子，原来被封为燕王，后通过"靖难之役"从侄儿建文帝手中夺取了皇位。即位后，五征漠北，80万大军下安南，浚通大运河，大规模营建北京紫禁城，七次遣郑和下西洋，其文治武功使其在历史上留下美名，可以说他完全有资格跻身著名帝王之列。但是他的名字不仅和郑和下西洋、奴儿干都司（明永乐时设置于东北的指挥使司，其管辖范围直到黑龙江北和外兴安岭，乌苏里江东至海，包括今库页岛在内的广大地区，对开发和巩固东北地区具有重要历史意义）、《永乐大典》等联系在一起，而且也和"诛十族""瓜蔓抄"之类的残暴行为联系在一起。永乐末年的"怒斩三千宫女"就是其性格固执、刚愎自用、猜忌多疑、杀人如麻的最好罪证。明成祖究竟为何要将三千宫女杀死？对此，很多人都感到困惑。

一些人认为，明成祖之所以动此大怒是为了两个女人。永乐初年，随着国家逐渐强大，明成祖也开始滋生安逸享乐思想，后宫美女逐渐增多。但随着皇后徐氏的病死，明成祖将所有的宠爱给予了两个女人，即王贵妃和贤妃权氏。尤其是贤妃权氏，是一位来自朝鲜的美女，其姿色可谓倾国倾城，并且聪明过人，能歌善舞，尤其善吹玉箫，因此成祖对其倍加宠爱，无论走到哪，都会带着她。永乐八年（1410），成祖率大军出征，特地带权贤妃作为随侍嫔妃，随军出塞。没想到，这位独得天宠的妃子，却在大军凯旋回宫时，死于临城，葬在峄县。贤妃权氏的死让成祖悲痛欲绝。恰在此时，宫中发生了两名姓吕的朝鲜宫人与宦官相好之事。这原本是件极其平常的事，因为历代宫中都有宫人和宦官相好之事。宫中的很多宫女嫔妃，因得不到皇帝的宠幸，便和宦官相好，虽然宦官不能行夫妻之事，但多少可以给予一些心理上的慰藉和生活上的照顾，这种现象宫中称之为"对食"，与宦官对食的宫女称为"菜户"。对此，皇帝一般是睁一只眼闭一只眼，采取听之任之的态度，有的皇帝还亲自撮合宦官和宫女结为对食。这种现象在永乐年间并不盛行，尽管不盛行，但此举应该不会招来什么杀身之祸，顶多也就是会遭到皇帝的制止。

明成祖朱棣

但是此次事件却使宫中遭受了一次大的震荡，数百宫女和宦官被杀。促发明成祖痛下杀手的原因可能是：一方面成祖正经历丧失爱妃之痛，心情不佳，而别人却在行好事，出于嫉妒而杀人；另一方面是因为当时宫中有人散布谣言，说贤妃权氏是被宫女吕氏下毒致死的，明成祖闻后大怒，于是将有关人员一起诛杀。究竟是谁和宫女吕氏过不去呢？其实这个吕氏就是这次相好事件的主角，另一个叫贾吕的宫女对吕氏倾慕已久，想与其交往。但是吕氏对贾吕的为人很是不屑，拒绝与她结好。贾吕心存不满，于是散布谣言说，在北征凯旋回师途中，服侍贤妃的吕氏在贤妃的茶中下毒药。这样，很多宫人成为冤魂。

此事过去没几年，又发生了另一件让朱棣十分恼火的事，这真可谓"一波未平，一波又起。"永乐十八年(1420)，成祖宠爱的另一个女人王贵妃也死去，他再次经历丧失宠妃之痛，而此时又发生贾吕和宫人鱼氏私下与小宦结好之事。成祖雷霆大发，贾吕和鱼氏惧祸，便上吊自杀。成祖竟以此为由，亲自刑审贾吕侍婢，不料却牵出这一班宫女要谋杀皇帝的口供。朱棣极为恼怒，亲自下手对宫女们动用酷刑，受株连被杀的宫女近2800名。据《李朝实录》记载，当宫中宫人被惨杀之时，适有宫殿被雷电击震，宫中的人都很高兴，以为朱棣会因害怕报应而停止杀人，可是朱棣全然不住手。两次屠杀事件，被诛的宫女及宦官达3000人之多。

对于上述明成祖怒斩三千宫女的缘由，一些学者从病理学的角度来剖析明成祖的异常行为，认为明成祖之所以如此残杀无辜，可能和他晚年所患的疾病有关。据官修的《明史》及《实录》记载，明成祖晚年患疾，容易狂怒，发作时难以控制，甚至歇斯底里，再加上他生性残忍好杀，所以更加狂暴异常。

郑和下西洋使命之谜

明初，郑和"经事三朝，先后七奉使"，历时28年，帆舟遍至亚非30多个国家和地区，堪称我国航海史乃至世界航海史上的奇迹。然而郑和出使西洋究竟负有什么样的神秘使命呢？数百年来，关于这一问题一直众说纷纭，没有定论。

根据《明史·郑和传》的记载，郑和之所以下西洋，是因为"成祖疑惠帝亡海外，欲踪迹之，且欲耀兵异域，示中国富强。"由此看来，明史的纂修者认为，郑和下西洋的目的有二：一是到海外跟踪询查惠帝；二是沿途炫耀武威，显示大明王朝的富强。

传中所说的惠帝，即是朱元璋的长孙建文帝。建文帝登基之初，鉴于诸王兵权过重，尾大不掉，曾决心进行削藩。公元1399年，当时的燕王（惠帝的叔叔）公开反叛，以"清君侧"为理由起兵北平，号称"靖难"，三年后攻陷京师，夺得帝位，是为明成祖。据说在朱棣兵入南京之时，大内火起，建文帝不知所终。因此，明成祖才会派遣郑和出使海外寻找惠帝，以防其东山再起，危及自身帝位。这一说法从明朝开始就得到了很多人的支持，中华人民共和国建立后，一些著名史学家如范文澜、吴晗等人也持这样的观点，范氏所著《中国通史简编》便认为郑和下西洋的用意是"以探询朱允炆踪迹为首"。

郑和下西洋海航复原图

　　不过这样的说法一直遭到众多学者的质疑。他们认为建文帝忠厚赢弱，被朱棣赶下台后，即使逃到国外也掀不起多大的风浪。而且，根据永乐年间修撰的《明太祖实录》，燕王的军队攻入南京金川门时，建文帝就纵火焚宫，早已被烧得尸骨无存，所以，寻找建文帝之说不能成立。而且，从常理上推断，即使真的是为了寻找建文帝，有一两次远航也就够了，何必一而再、再而三地出航，甚至达七次之多呢？因此，郑和的下西洋一定有着更为重要的目的。

　　至于上文所持的炫耀武威的说法，也有人提出质疑。因为事实上明朝从朱元璋开始，就一直不把对外扩张作为重点，他曾经将周边的十五国定为不征国，其中的大部分就是在"西洋"地区，而且他还一直告诫子孙切不可轻启边衅，因小隙而构大祸。深得乃父要旨的朱棣也一直秉承朱元璋的意思，从来没有过耀兵异域或者侵吞他国的迹象，而且每当臣下有对外用兵之议时，他也经常加以训斥。因此，难以想像在对外关系上一向防止穷兵黩武倾向的明成祖会派郑和对所谓"不征之国"去炫耀武力。而且如果真的要耀兵，为什么不针对邻近的朝鲜、日本，而要舍近求远，跑到西洋去呢？另外，在郑和出使过程中的三次用兵，也都是纯属自卫反击，毫无主动用兵的意思。

　　关于下西洋的目的，还有一种比较流行的说法认为是了发展海外贸易。持这种观点的人认为，由于明朝初年朱元璋实行海禁政策，给当时的社会经济发展带来一系列问题，国家对外贸易受到损害，因此明成祖即位的时候，国家财政面临困难，因此企图向南洋发展对外贸易，增加国家收入，同时通过这样的活动，国家又想垄断外贸权利。因此郑和下西洋纯粹是一项了了促进国内经济发展而实行的对外贸易行为。

　　可是，也有学者对这样的观点加以反驳。他们认为，明朝直到隆庆以前的200多年间，一直十分严格地执行着海禁政策，在这样的指导思想下，明政府是不可能同时进行大规模的海外贸易的。相反，朱元璋父子都认为，天朝物产殷富，无所不有，因此不需要外国的货物，当然也不需要与外国进行贸易。而且，明政府与外国的贸易往往是遵循着"厚往薄来"的宗旨，他们建立起了所谓的朝贡贸易体系，贸易目的中政治需要永远是第一位的。这就能够使我们理解为什么郑和船队每到一处，总是先"开读赏赐"，然后才和当地人贸易。

大明王朝历史之谜

还有人从当时明朝的内外处境来分析，认为郑和下西洋的目的是为了谋求内外稳定。从当时的国内情形来看，明成祖即位之初，由于经过了三年的"靖难之役"，国内经济萧条，人心不稳，因此朱棣急需要恢复国内生产。而要恢复生产，首先就要稳定边疆，郑和下西洋就担负着这样的使命。据史料记载，郑和第一次下西洋，就把当时横行的海寇陈祖义擒献朝廷。永乐七年，他又擒获了锡兰王亚烈苦奈儿，献给朝廷。通过郑和下西洋，永乐时期的明朝帝国无论是国内还是周边邻国都大大获益。倭寇活动大为减少，流民大量归来，东南海疆比较清静，商旅往来安全，从而保障了东南一壁的内外安全，促进了东南经济的恢复与发展。

目前，多数人认为郑和出使的目的是为了通好他国。因为郑和每到一地，都不厌其烦地告诉各国，天朝地图辽阔，百物富庶，风俗醇美，邀请各国君臣前来观瞻中国的文物制度，并保持密切的联系。通过郑和以及其他使者的活动，各国来到中国的使臣"相望于道"，前后不绝。根据不完全的统计，在郑和下西洋期间，共有4个国家的11位国王到过中国，反映了中国与西洋各国通好的盛况。

近来还有学者提出，郑和七次下西洋，其使命应随时间推移而有所不同。一种说法是，十五世纪初，铁木尔帝国崛起于中西亚，永乐二年（1404）十一月，铁木尔调兵数十万准备东征中国，但于次年二月死于途中，所以同年六月朱棣遣郑和第一次出使，大概是想联络印度等国抄袭铁木尔帝国的后方，牵制它东袭。后六次则是为了寻求通西方的航路和达到通商的目的。还有一种观点虽然同意郑和后六次的使命如前所述，但同时指出第一次带有扩大贸易、提高威望和联络印度等国的三重任务。第三种看法则认为，郑和前三次下西洋，主要是为了和东南亚、南亚沿海诸国建立一种国际和平局势，附带解决"疑惠帝亡海外"的问题，后四次则主要是向南亚以西，继续向未知世界前进，通过开辟新的航路，让从来不通中国的海外远国"宾服中国"。

以上各家之言，应该说都有自己的根据，使人有众说纷纭、莫衷一是的感觉，而究竟哪一种说法更符合历史的真相，恐怕在短期内还难有定论。

郑和称名"三宝"之谜

人们对明朝杰出的航海家郑和有一个通俗的称呼，就是"三宝太监"，或称"三保太监"。那么这个称呼的含义是什么呢？"三保"和"三宝"有什么区别吗？而这样一个名称与郑和的身世又有什么联系呢？

郑和本姓马，小字三保，云南昆阳（今昆明市晋宁县）人，是唐宋时期来中国定居的阿拉伯人的后裔，其祖父及父辈均为元朝重臣，封滇阳侯。明洪武四年（1371），郑和出生。洪武十四年，明军开始进入云南，次年，平定云南。正在这一年，郑和的父亲病故，这时他才12岁。由于地方上新经战争，创伤未复，加上他的家庭又遭大变，生活更加艰难困苦。在这种境况下，郑和被送到北平，成为北平燕王朱棣家的一名奴隶，做了宦官。

航海家郑和　我国古代最伟大的航海家，曾先后七次率船队出使亚、非各国。船队规模之大、次数之多、航程之远、范围之广、时间之久，都是世界罕见的。

郑和出生的家庭世代信奉伊斯兰教，他共有兄弟姐妹六人，因为排行第三，所以取小名叫三保。永乐二年（1404）初，朱棣亲笔写了一个"郑"字，赐他为姓，并提升为内官监太监。后来人们称他"三保太监"或"三宝太监"。

对这样的看法，有学者提出了不同的意见，认为郑和小名三保并不是他被称为三宝太监的原因，这个名称实际上和佛教有关。他们指出，元末著名回族政治家赛典赤·赡思丁信奉伊斯兰教，但对佛教也曾支持和提倡，他曾经在云南修建佛寺，郑和幼年即受到佛教影响。他14岁那年，被明军擒获，遭送南京，经过阉割，进入宫廷充当太监。后来，明太祖朱元璋将其赐给四子燕王朱棣。由于他"从燕王起兵靖难，出入战阵，多建奇功。"因此朱棣称帝后，提拔他为"内官监太监"，"赐姓郑"，始名郑和。1403年，明成祖朱棣的太师和尚道衍引郑和受菩萨戒，取法名为"福善"，郑和从此成为佛门弟子。佛教以佛、法、僧为"三宝"，故人们也以"三宝"为佛教的尊称。郑和既然信奉佛教，所以人们尊称他为"三宝太监"。

但也有人不同意这样的看法。他们认为，佛教的"三宝"是指佛、法、僧三者而言的，佛是指大知大觉的人，法是佛所说的教义，僧是宣扬和继承教义的人。郑和虽然信佛，有"福善"等法名，还出钱刻过《摩利支天》等佛经，但并不等于说就可以把佛、法、僧"三宝"集于郑和一身。有明一代，皈依佛教者很多，在佛教方面的功劳超过郑和的也大有人在，"三宝"这一尊号还轮不上郑和。

还有人则认为"三宝"只不过是"内官"的通称。至于"三宝太监"则是因为郑和历经永乐、洪熙、宣德三朝，忠心辅佐成祖、仁宗、宣宗三帝，所以明宣宗于宣德六年（1431）敕封他为"三宝太监"。《郑和家谱》中也说："至宣德六年，钦封公（郑和）三保太监。"由于郑和业绩广为流传，在后人的著作、小说、评话等都冠以"三宝太监"之名，久而久之，"三宝太监"就成为郑和专有的代名词。

还有人认为，三宝太监之说是和郑和下西洋次数多有关系的。因为明人朱国桢在《皇明大政记》中说过，"郑和下西洋者七次，后守备南京。出使同行者有冯三保，时西域者有杨三保。一曰三宝，又曰三航，言下海之多也。"不过这个观点也遭到了反驳，因为在永乐年间的诏书中，人们发现被称为"三保"的人还有不少，他们有的是将领，有的则是朝中大臣。因此，如果仅仅因为郑和下西洋次数多就被称为"三保"，恐怕也是值得商榷的。

最近，著名的郑和研究专家、南京大学的潘群教授对郑和为什么叫"三宝太监"这一问题又提出了新的观点。他通过详细考察史料，认为"三保"其实是当时统治者对被俘虏后做奴隶的人的统称。在《元史纪事本末》中记载，元朝称外族俘虏皆为"三保奴"。他指出，元朝末年统治云南的梁王是蒙古贵族把匝瓦密，1381年，朱元璋派30万大军征讨云南，史称"太祖平滇"。正是在这场战争中，郑和父亲故世，12岁的郑和被明军俘虏，并惨遭阉割。明初沿用元朝旧称，称其为"三保奴"是十分合理的。而明人王登在《客越志》中称："桃花渡为永乐中太监三保奴出西洋处。"这也是一个旁证。

另外，这还牵涉到郑和为什么会被阉割的问题。郑和当时还只是一个孩子，如果没有特殊的原因，通常说是不会被阉割的。因此潘教授推测，很有可能是受到了他父亲的牵连。永乐三年五月，郑和下西洋前夕回乡扫墓，明政府派礼部尚书李至刚亲自为其父撰文，并刻在一块碑上。按常理，国家为私人立传乃是最高荣誉，一定大书其名于碑上，以示荣耀。但是在这块碑上却从头到尾都没有提到过郑和父亲的真名，而只以"马哈只"称之。"哈只"是阿拉伯语的译音，是对去麦加朝觐过圣的人的统称。但郑和被俘时已经12岁，完全知道其父的名字，之所以立碑而隐去其名，一是表明明政府为了安抚郑和完成下西洋的任务，对郑和家人在平滇战役中的罪名进行平反，其二则说明郑和父亲极可能是支持梁王的，并做过阻碍明军平定梁王的事情，由于涉及对朱元璋平滇之役的评价，因此才把真名隐去。

按照潘教授的说法，郑和"三宝太监"的名称看来还隐藏着一段辛酸的历史，完全不同于以往对此的解释。不过，这一说法到底对不对恐怕还有待更多资料的发掘和支撑。

明仁宗暴卒之谜

明仁宗继位还不到十个月就突然死去，只活了48岁。史书记载，在他过世的前三天，他还在处理朝政，但从生病到死于皇宫的钦安殿，前后却只有短短的两天时间。后来明人黄景昉在《国史唯疑》中提出，明仁宗是无病而突然死去的，这引起了众人的争议和猜疑。因为作为一个正处于壮年的皇帝，刚刚登基不到一年，就无病而亡，这确实很难说通。可是在《明仁宗实录》《明史·仁宗纪》等正史中又只字不提仁宗的死因，使其暴卒成了一个历史之谜。

明仁宗皇帝朱高炽，是明成祖朱棣的长子，生母徐皇后是明朝开国功臣徐达之女。据史书记载，朱高炽幼年的时候，十分好学，喜欢读儒家经书，沉静好文，深受祖父朱元璋的喜爱。据说在洪武年间，有一次，朱元璋让秦王、晋王、燕王的嫡子进京接受他的考察，朱元璋派他们去检阅部队，结果朱高炽回来得最晚，朱元璋就问他为什么这么晚才回来，朱高炽说："天气很冷，我想等士兵吃完饭再检阅，所以，就回来迟了。"朱元璋听说之后感到非常高兴，认为他有体恤臣属的慈悲心。又有一次，朱高炽奉命批答奏章，批好后，给朱元璋看，结果奏章里有一些错别字和小毛病没有改，朱元璋就问他是不是没有看到，朱高炽回答说小过不足以上渎天听，使朱元璋很开心。朱元璋接着问他在尧舜时，百姓如遇水旱灾害怎么办？朱高炽回答说需要圣人采取恤民的政策来解决这些困难，朱元璋对他的回答感到很满意。因此，朱元璋对朱高炽非常赞赏，《明史》中就说朱元璋夸奖朱高炽"有君人之识也"。当然，当时朱高炽毕竟还不是皇位的继承人，这种溢美之词有可能是后人在他当皇帝后附会上去的。但种种说法都表明朱高炽是深受朱元璋喜爱的，因此他在洪武二十八年（1395）被册封为燕王世子。

但是深受祖父喜欢的朱高炽，却始终不得父亲朱棣的欢心。首要的一个原因就是朱棣和朱元璋一样，江山都是马上得来的，特别是朱棣上马能开弓，下马能治国，他非常尊崇唐太宗，因为自己和李世民一样都不是长子，又都是马上得天下，认为皇帝应该是那种能够君临天下、震慑万民的人。而朱高炽却太过老实仁厚，说得不好听就是有点懦弱，再加上他身体不好，既多病，又非常肥胖，走路很不方便，经常要两个人搀扶着走，这就让朱棣非常不想让他做自己的接班人。而与此同时，朱棣却非常喜欢老二朱高煦，因为他很像朱棣本人，是明初数一数二的猛将，在靖难之役中，朱高煦曾随朱棣兴兵南下，身先士卒带领军队做先锋，直逼南京，功劳赫赫，并几次冒死救护朱棣。朱棣曾对朱高煦说过："世子多病，勉之！"公然向他暗示，想要将皇位传给他，但最终却未能如愿。因为正和朱高炽相反，朱高煦不讨朱元璋的喜欢，朱元璋活着的时候，就很讨厌他，等到朱棣即位以后，朱高煦要求兑现承诺，朱棣就征求众大臣亲信的意见，结果多数赞同朱高炽，不赞成朱高煦。当时隆平侯张信是朱棣的救命恩人，朱棣叫他"恩张"，朱棣问他能不能换了太子，张信说这是天理人伦，能随便改吗？连朱棣最信任的大臣道衍和尚、兵部尚书金忠、杨士奇、杨荣、金幼孜等都不同意。大学士解缙还写了一首诗："虎为百兽尊，谁敢触其怒，唯有父子情，一步一回顾。"朱棣只得放弃了改立太子的想法。这也是后来朱高炽继位后，发生"高煦之叛"，想学朱棣夺位事件的主要原因。

朱高炽最终能够继承皇位，一是因为皇位的嫡长子继承制对朱棣是个约束，百官大臣都支持这一制度，朱棣也无法改变；二是人们认为朱高炽娶了个好老婆，又生了个好儿子。朱棣很喜欢仁宗的长子朱瞻基，朱瞻基出生时，朱棣当时还是燕王，据说他梦见父亲朱元璋送给他一个白圭，并且说了一句："传之子孙，永世其昌！"后来，他起兵靖难，夺得皇位，正好应了这个梦，所

明仁宗朱高炽

以，他最疼爱这个孙子。后来，大学士解缙说了一句："好圣孙"，就打消了朱棣改立太子的念头，因为他一想，这皇位最终还是传给孙子的。朱棣生前，曾一再明确向臣民表明将来继承朱高炽皇位的，只能是长孙朱瞻基。而高炽的皇后张氏也据说有朱元璋的马皇后、朱棣的徐皇后之风，见识远大而乖巧伶俐，是个贤内助。据《明通鉴》记载，张氏嫁给仁宗后，很得成祖和徐皇后二人的喜爱。明仁宗为太子时，多次被汉王、赵王两位弟弟挑拨离间，又因为体型不好，不能骑马射箭，惹怒朱棣，就命人减少太子的饮食，几次想废太子，最终因为张皇后的缘故而作罢。《明宫词》里也说，朱高炽老婆张皇后是朱棣手下第一功臣张玉的女儿，张玉死于靖难，被追封河间王，朱棣对儿媳妇很好。有一次，朱棣和朱高炽夫妇一起吃饭，为了一点小事，朱棣大骂儿子，儿媳不好说什么，就退到厨房做了几样朱棣爱吃的菜肴端上来，朱棣一见，怒气全消，就指着儿媳对朱高炽说："如果不是你的老婆，我早就把你太子的位子给废了。"当然这是传言，不足采为信史。

事实上，生长在复杂的皇室家庭，朱高炽本人也不像一般人们认为的毫无能力，从一些事件和经历上来看，他还是很有些本事和能力的。首先一点是他非常能够忍耐，可谓坚忍不拔。无论朱棣怎样讨厌他，他都能够甘心忍受。在永乐二年、永乐八年、永乐十年、永乐十五年，曾有过四次大规模的打击朱高炽太子地位的活动，但都没有成功。

登上皇位后，他在大学士杨士奇、杨荣和尚书蹇义、夏原吉等的支持下，顺应时代潮流，针对朝政的弊病，采取了减轻民困、调整统治阶级内部关系等一系列措施。首先是平反冤狱，释放夏原吉等因谏阻北征而入狱的旧臣，释放东宫旧臣并复官，特别是赦免了建文帝的许多旧臣，同时废除苛政，停息从永乐帝开始的大规模用兵，使天下百姓得到了休养，文化得到了复兴，读书人的待遇比洪武、永乐两朝要好。这些都有利于维系人心和稳定统治秩序。他还停止了耗资巨大的郑和下西洋及其在各地采小金银等活动，以减轻人民负担。并调整统治机构，提高阁权，使内阁成为协助皇帝决策的重要机构。在他当政期间一改永乐时的暴政，褒奖直言，虚怀纳谏，开始了中国历史上有名的"仁宣之治"。因此，仁宗虽然在位时间很短，但后世对他的评价很高，故此朱高炽的庙号是"仁"。

对于仁宗的暴卒，除了前面有人认为是无病而亡之外，很多人认为死得很蹊跷，而且不光彩，是死于纵欲过度。从史实来推测这是很有可能的，因为朱高炽的贪欲好色众人皆知。曾有个大臣李时勉在他刚即位不久就上奏劝皇上禁欲，说成祖的守孝期还没有结束，皇后也没有正式确立，皇帝就从远方的建宁选侍女是不可取的，结果惹怒了仁宗皇帝，差点被动刑弄死。后来朱瞻基（宣宗） 继位后曾为此御审李时勉，问他为什么要触怒仁宗，李时勉说是劝仁宗皇帝不要过于亲近妃嫔，不要疏远太子。宣宗叹息称李时勉是忠

臣，并恢复他的官职。可见宣宗对仁宗嗜欲一节也一清二楚，不以李时勉所奏为非。明人陆钑（音yì）的《病逸漫记》中也曾有这样的记载，说内廷太监雷某亲口说皇帝是得了"阴症"，就是行房后误吃冷饮或者被阴风侵袭而染疾。《明史·罗汝敬传》则认为，导致仁宗死亡的直接原因是服用治"阴症"的金石之方而中毒不治。

当然也有学者经精心考察各种蛛丝马迹，提出仁宗是被其长子朱瞻基，即继仁宗登位的宣宗害死的。理由是仁宗不受朱棣的喜欢，只是因为"礼教"和"祖训"的关系，才立朱高炽为太子，但朱棣一直有废朱高炽储位之心。而仁宗的长子朱瞻基却与父亲相反，善骑射，谙武事，热衷权利，工于计谋，深受成祖赏识。因此在朱高炽和儿子朱瞻基之间因为朱棣而形成了隔阂，朱高炽讨厌其父，也由此讨厌被其父宠爱的儿子朱瞻基，他最喜欢的儿子是封为襄王的老五。有史学家说，如果朱高炽不是死得早的话，太子朱瞻基必然被废。由此推断，是朱瞻基密谋加害了仁宗。因为朱瞻基在四月十四日离开北京城，当时随侍仁宗的宦官海涛是朱瞻基的亲信，他按预先密谋，加害仁宗，五月十三日仁宗暴卒。而朱瞻基离京后，不按照预定的日子前进，而是直奔南京。在他离开南京前，南京城中已"传言仁宗上宾"，要知道当时北京还未发丧，也没有如此快的传播手段，可见仁宗的死是在一些人预料之中的。当朱瞻基六月三日返回北京后有大臣劝诫说人心汹汹，不可掉以轻心，朱瞻基却回答说："天下神器非智力所能得，况祖宗有成命，孰敢萌邪心！"显示出一切皆在其掌握之中的自信和自得。因此这一说法也并非无中生有，恐怕是史有隐笔。

但不管真正的原因是什么，体弱多病的仁宗皇帝，登极仅八个月就一病不起，于洪熙元年（1425）五月，死于钦安殿。

王振擅权之谜

明正统年间，蒙古瓦剌部大举进犯中原。明英宗亲自率领50万大军迎敌。蒙汉两军于土木堡附近展开一场大战。结果明军大败于土木堡，不但50万大军损失过半，就连一国之君明英宗也被掠去，一时天下震惊。事实上，造成这一事变的主要原因是由于明军的指挥竟然是一个根本不懂军事的太监，此人就是权倾一时的宦官王振。由于王振在这次战争中被护卫将军樊忠乱锤击毙，英宗复位后，竟又为王振恢复官爵，并将王振的假身供奉在智化寺，享受祭拜。作为一名太监，王振何以能权倾朝野，左右朝政？

宦官专权乱政在明朝之前便已屡见不鲜了。明朝建国之初，朱元璋吸取历朝历代因宦官而亡国灭家的教训，对宦官的活动和权限做了很严格的限制，绝不允许宦官过问朝政大事。为警醒宦官，朱元璋命人在宫门挂一块三尺铁牌，上面刻有"内臣不得干预政事，预者斩"几个大字。

后来，这条规矩到明成祖的时候就渐渐被破坏了。明成祖朱棣从他侄儿手里夺得皇位，从道统上来说，显然属于大逆不道之举。为防范大臣反对或于背后非议他，成祖开始重用身边的太监。此后，宦官的权力一步一步得到加强。明成祖的孙子宣宗时期，宦官可以读书识字，甚至司礼监宦官可以代皇帝批阅奏章。正是通过这种形式，宦官的权力开始日渐膨胀，明代第一个专权乱政的宦官王振便是其中的典型。

王振是蔚州（今河北蔚县人），曾习儒业，略通经书，也曾参加过数次科举考试，但都没有考中，走"学而优则仕"的道路对他而言似乎不太容易。在做了九年教官后，一次，王振听说皇宫要招太监，便自阉入得宫里。当时宫里习书识字的太监不多，只有王振粗通文字，大家便都叫他"王先生"。王振性情诡异，善于察言观色，见风使舵，由此深得宣宗皇帝的欢心，封他为东宫局郎，专门教太子朱祁镇读书。年幼的朱祁镇爱玩，王振便想出各种方法讨好太子，尽可能让他玩得痛快开心。

宣德十年（1435）正月，宣宗一病而终，太子朱祁镇登基称帝，这就是明英宗。英宗继位后，作为老师，王振身价也因此倍增，并最终当上了手握大权的司礼监。

英宗继位时刚满9岁，年幼无知，只得由祖母太皇太后张氏垂帘听政。张氏把国家一切政务交给内阁大臣杨士奇、杨荣、杨溥三人全权处理。三杨德高望重，太皇太后也非一般女流之辈，所以当时王振还不敢放肆，对张太后和三杨也极尽殷勤，毕恭毕敬。一次，英宗朱祁镇与小宦官在宫廷内玩耍，被王振看见了，他暗自得意，一次表现自己忠心的好机会来了。次日，王振故意当着三杨等人的面，向英宗跪奏说："先皇帝为一球子，差点误了天下，陛下今天复蹈其好，是想把国家社稷引到哪里去！"并装出一副忠心耿耿、忧国忧民的模样。三杨听了深受感动，慨叹地说，宦官当中也有这样的人啊！对王振的戒备之心也因此日减。为了表示自己遵守规定，不参政事，王振每次到内阁去传达皇帝的旨意时，总是站在门外，假装不敢入内，三杨被其"忠心、守规矩"的假象迷惑。后来，王振再来传旨时，三杨打破惯例，把王振请到屋内就坐，讨论政事时也不加防备。

渐渐长大的明英宗并不曾过问国事，仍一味追求玩乐。王振在帮助明英宗批阅奏章时趁机把朝廷军政大权抓在手里。他劝英宗用重典制御臣下。此后，由于王振对皇帝的影响越来越明显，朝廷大员对王振十分畏惧，因为得罪了他，往往不是被撤职就是遭充军。但由于太皇太后张氏和三杨仍在间接或直接地监管着朝

明宣宗朱瞻基

政，所以王振此时仍不敢过于嚣张。

正统七年（1442），太皇太后张氏病逝。而此时杨荣已在正统五年病死；杨士奇因为儿子杀人引咎辞职，不久去世；只有杨溥在朝，但他年老多病，已难问国事。失去约束的王振便肆无忌惮地飞扬跋扈起来。他开始实施蓄谋已久的专权干政计划。第一步就是把明太祖挂在宫门上那块禁止宦官干预政事的铁牌摘下来，然后又在京城内大兴土木，为自己修建府邸园林。王振性情残暴，但在表面上仍要装出信佛的样子，祭佛敬神时动辄征军民万人，花费数十万银子。所以当时京城有歌谣这样唱道："竭民之膏，劳民之髓，不得遮风，不得避雨。"

王振大权在握后，便肆无忌惮，为非作歹。若顺从和巴结他，就会立即得到提拔和晋升；谁若违背了他，就立即受到处罚和贬黜，甚至丧失身家性命。一些无耻的官僚见到王振权势日重，纷纷前来巴结贿赂，以求得升官发财。有位工部郎中，名叫王祐，长得面白须净，却是个出了名的马屁精。有一次，王振问他说："王侍郎，你为什么没有胡子？"王祐笑着回答说："老爷你没有胡子，儿子我怎么敢有？"一句话说得王振心花怒放，立即提拔他为工部侍郎。官僚徐希和王文亦因善于谄媚拍马，也先后被王振提拔为兵部尚书和都御使。在打击异己，安插亲信的同时，王振并没有忘记自己的家人，他先后把他的两个侄子王山和王林提拔为锦衣卫指挥同知和指挥佥事，掌管着宫内外的刑侦司狱大权。除中央外，地方各级官员也极尽谄媚之能事，纷纷依附王振，从中央到地方很快形成了一个以王振为核心的朋党集团。

由于英宗终日不理朝政，王振专权后，党同伐异，独断专行，朝政日乱，军纪涣散，边事不修，终于招致了蒙古瓦剌部的进犯。

公元1449年，瓦剌派3000名使者到北京，进贡马匹，要求赏金。王振藉口也先谎报人数，削减了对蒙古的赏金和马价。此举激怒了瓦剌首领也先，也先率领瓦剌骑兵进攻中原，首犯大同，边境告急。由于准备不足，情况不明，本不应仓促应战，但王振为在朝廷扬威，竭力怂恿快速出兵，并要求英宗带兵亲征。兵部尚书邝埜和侍郎于谦认为，朝廷没有充分准备，皇帝不能亲征。但不懂兵法的王振认为，只要兵多将广，就一定能打胜仗。英宗平时一贯对王振言听计从，经不起王振的蛊惑，于是不顾大臣的劝谏，带领50万大军从北京匆匆出发。

这次出兵，由于缺乏必要准备，军队纪律涣散，士气不振，再加上王振的胡乱指挥，战争一开始，部队就一溃千里，未战先败。王振意识到情况危急，急令退兵回北京。但撤退中，王振又想带大兵到他老家蔚州去摆摆威风，于是几十万大军往蔚州方向跑了40里地。后来王振怕兵马损害家乡的田地，又下命令往回走。这样忽而北，忽而南，拖延了撤兵的时间，被瓦剌的追兵赶上。在土木堡，英宗中瓦剌军假议和之计，被瓦剌军包围，明军大乱，损失惨重。禁军将领樊忠，早就恨透了王振这个祸国殃民的奸贼，抡起手里的大铁锤气愤地说："我为天下诛此奸贼！"说完，将王振乱锤击毙。

眼看明军大败，脱逃无望，英宗便跳下马来，盘腿静坐，束手待擒，成了瓦剌的俘虏。这就是历史上著名的"土木之变"。

英宗被俘的消息传到北京后，群臣震惊，悲痛不已。皇太后命英宗的弟弟朱祁钰监国，兵部侍郎于谦向朱祁钰跪求，清除王振党羽，诛其家族。此时朝野上下一致要求诛杀王振党羽，朱祁钰立即下令处死王振的侄子王山并族诛王振余党。

王振从一个东宫局郎，最后成为一个权倾朝野、独断朝政的权臣，个中原因，深为复杂。有人认为这是王振善于钻营的结果，也有人认为这应归咎于明英宗的昏庸无能，甚至也有人认为这是封建专制体制必然的结果，种种观点，不一而等，到现在仍无定论。

明孝宗出生冷宫之谜

明朝的后宫里疑案、怪事不少。一位日后的皇帝竟然因为其父皇后宫妃子间妒忌争宠、残害，而不得不出生冷宫，并且被偷偷摸摸地哺养了好几年。此事竟然连他的皇帝父亲也被蒙在鼓里。

明朝的皇帝大部分都是昏庸之辈，"不郊、不庙、不朝"，政治腐败，朝纲混乱，后宫中则荒淫无度，怪事连连。明成化年间（1465—1487），明宫里竟发生了一件空前绝后的咄咄怪事：宪宗朱见深的儿子朱祐樘（即后来的明孝宗）居然在一个冷宫中出生。这是怎么回事呢？

说起来，这事也和后宫妃子的妒忌争宠有关。朱见深的父亲英宗在正统十四年（1449）的"土木之变"中被瓦剌人俘去，才两岁的朱见深被代宗朱祁钰废为沂王。被释回京的英宗发动宫廷政变，再复帝位，他又被立为皇太子。八年后英宗死去，朱见深即皇帝位，为明宪宗。早在宪宗小时候，其祖母孙皇太后派了一名姓万的宫女服侍他。万氏4岁时进入皇宫，最初在孙太后宫中服侍，她聪明伶俐，很会察言观色，侍候太后体贴入微，所以极得孙太后的宠爱，成了孙太后的心腹和不离左右的"小答应"。万氏长大后，出落得娇艳秀美，比朱见深年长18岁，好比他的乳妈一样。万氏的美丽聪明打动了朱见深，成了他的第一个女人，从此便深陷其中不能自拔。

由于自幼抚养的关系，宪宗被万氏牢牢地控制住了，完全听从她的摆布，万氏则仗着宪宗的宠幸颐指气使。她的第一个步骤是向皇帝进谗废掉吴皇后，将其打入冷宫幽禁起来，第二步便是离间其他妃子，不让其他妃子有机会接近皇帝，目的就是想自己生一个皇子，这样不仅可以母以子贵，横行宫中，还可以控制住两代皇帝。据《明史·后妃传》记载，万氏"善迎帝意，遂谗废皇后吴氏，六宫希得进御。帝每游幸，妃戎服前驱。成化二年正月生皇第一子，帝大喜……遂封贵妃"。然而美梦不长，万贵妃所生的皇子不久就夭折了，后来她再也没有怀孕。自己怀不了孕，万贵妃也不准其他妃子怀孕，只要皇帝临幸哪一个妃嫔、宫女，她便想方设法加以折磨和残害，不让其可能怀孕，即使是已怀孕的孕妇，她也绝不放过，用各种手断使之堕胎。

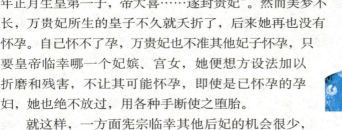

明宪宗朱见深

就这样，一方面宪宗临幸其他后妃的机会很少，另一方面因为万贵妃的迫害，宪宗年届30岁仍无子嗣，这在古代算得上是老而无子了。由于皇帝的生育问题涉及到社稷永续，兹事不可谓不严重。朝中一些正直的大臣纷纷进谏，劝说皇帝摆脱万贵妃的控制。但宪宗对万贵妃除了迷恋之外还心存敬畏，怎么也摆脱不掉控制，而万贵妃则变本加厉，在宫中与一伙太监勾结起来，沆瀣一气，为所欲为，一时竟无人敢与其抗争。

恰在此时，宪宗偶然临幸一名身份卑微的纪姓宫女，那宫女竟怀上了"龙种"。不知怎么的，这事被万贵妃知道了，她非常恼怒，便命令身边的婢女用药去打掉纪宫女的胎儿。这名婢女对纪宫女很同情，没有下手，并且对万贵妃谎称纪宫女其实没有怀孕。可万贵妃仍不放心，她下令将纪宫女关到冷宫"安乐堂"里（据《明宫史》载，安乐堂在金鳌玉桥西、棂星门以北羊房夹道内）。纪宫女就在冷宫里生下了一个小皇子。她知道万贵妃迟早会发现的，害怕万贵妃报复加害，于是让太监张敏将婴儿抱出去溺死。张敏苦苦恳求："皇上尚无子，怎能丢弃此婴？"他将小皇子藏在其他地方秘密地喂养，被幽禁在冷宫中的吴皇后知道后也偷偷帮着哺养。万贵妃曾在宫中搜索过几次，却一无所获，都被张敏等人躲了过去。小皇子长到了6岁，而宪宗本人还一直蒙在鼓里。

一天，宪宗照镜子时忽然叹息一声，自言自语地说道："老将至而无子矣！"一旁侍立的太监张敏伏地奏曰："奴才死罪！万岁已有子也。"宪宗愕然，问子在何处。张敏答："奴言即死，请万岁为太子做主。"另一名太监怀恩也在一旁顿首说道："敏言是。皇子潜养西内，今已6岁矣，匿不敢闻。"于是宪宗喜不自禁，连忙派人去接皇子。纪宫女见到皇帝来使，为小皇子穿上红袍，嘱咐说："儿见到黄袍有须者，即儿父也。"小皇子被人用轿子抬到皇帝面前，一下轿，见到身穿黄袍的宪宗，立即张开双手，跑上去扑向父亲怀抱。由于长期幽居，皇子连胎发也未剃过，因此"发披地"。宪宗抱起皇子，放在膝上，端详了好久，流着眼泪说道："像朕，是朕子也！"他立即让太监到内阁宣布了这件事，"君臣皆大喜"。第二天又颁诏天下，并将纪宫女封为淑妃，移住到紫禁城永寿宫。

可是，喜气洋洋的气氛没持续几天，纪淑妃就遭遇不幸，突然莫名其妙地暴死宫中，太监张敏也吞金自杀了。《明史》对此只闪烁其词地记道："或曰（万）贵妃致之死，或曰自缢也。"看来，还是跟万贵妃有点干系，是她妒忌纪淑妃而下的毒手。

小皇子取名为祐樘，因为系宪宗的独子，马上被立为皇太子。皇太后担心孙儿又遭暗算，于是决定亲自带养，以保证皇太子的安全，这样，万贵妃才没有下手的机会。有一次，万贵妃邀请皇太子一起进食，临去时皇太后千叮咛万嘱咐：贵妃给任何东西都不要吃。小皇子记住了祖母的话，到了万贵妃处果然什么都不吃。

后来，万贵妃在发怒追打宫女时，突然气闭昏厥，就此死去，宪宗还为之郁闷愁烦了好一阵子。后世皆对宪宗与万贵妃之间的关系疑惑不解：一个比皇帝大18岁的宫女，为何竟能令皇帝对其依恋不舍，宠冠后宫？但不管如何，她的妒忌和凶残却令历史上多出一桩宫廷怪事。

明武宗乱政之谜

在明朝的历史上，昏君屡见不鲜，几乎成了有明一代的特色，在明朝的众多昏君中，明武宗可称得上是其中的"佼佼者"了。他不仅是中国历史上绝无仅有的将自己任命为将军的皇帝，还年纪轻轻就把自己的命也玩掉了。明武宗究竟是怎么样一个人呢？

明武宗是明朝历史上最著名的荒唐皇帝，其贪玩的程度在中国历朝历代的皇帝中无出其右。明武宗似乎生来就有贪玩好武的天性，从小就对各种各样的游戏和运动十分入迷，幼年时就常到宫中的蹴园亭玩蹴鞠，年岁稍大后又醉心于骑马射箭，每日不得消停。不过他的父亲明孝宗非但不予以制止，反而还大加赞赏，以为他有尚武精神，是"安不忘危"，却没想到其实只是小孩子贪玩罢了。明朝的皇帝大多短命，这与他们为追求长生不老而大量服食丹药有关，孝宗也不例外。于是明武宗14岁时便当上了皇帝。这个14岁的少年，有了君临天下的权力，玩起来便也更加放肆，当时的大臣就常看到退朝后的少年天子，在大批带刀披甲、臂架猎鹰的宦官簇拥下，从皇城疾驰而出的场面。不久，武宗又对市民的生活大感兴趣，于是传令在禁内设立市场，建了许多商店，让宦官扮成买卖人模样，端着算盘，持着账簿，极认真地在那里讨价还价，还特意派出市正做调解工作，武宗自己则扮成富商，买进卖出，以此取乐。也许是觉得富商的生活应该更加丰富多彩，武宗又让宦官在市场中开设了许多的酒肆、妓院，让宫女扮成妓女，自己则挨家进去喝酒、听曲。当然，既然是进了妓院，淫乐也是必不可少的。

武宗的胡闹自然引起大臣们的不满，他们纷纷上书

明武宗朱厚照

劝谏。武宗玩兴正浓，哪里听得进道学家们的规劝，为求耳根清净，便建立豹房，在里面安置了许多的乐户和美女，自己三天两头住在豹房，日夜淫乐。至于上朝，则每月去一二次，应付一下，开始跟大臣玩起了消极怠工。

随着年龄的增长，武宗开始觉得皇宫里还不够好玩，便带着宦官溜出皇宫，到民间微服私访，经常在夜间闯入百姓家中逼令女子作陪，遇到中意的，还要带回宫去，搞得百姓怨声载道。少年天子的微服私访竟然变得与采花大盗的所作所为没有什么区别。

身为明朝最能玩的皇帝，每日眠花宿柳仍然远远不能让武宗感到满足，于是他索性在皇宫内玩起了军事训练的新把戏，弄得皇宫中炮声震天，把京城里不明原委的老百姓吓得半死。中国的皇宫都是土木结构，武宗为了放炮竟在皇宫中贮藏了大量火药，结果百密一疏，终于把皇宫点着了，竟将皇帝的寝宫乾清宫烧得干干净净。皇宫着火时，武宗正在豹房，让人感到不可思议的是，当他看着自己的寝宫乾清宫的冲天大火和火药不断爆炸激起的火花，竟然对身边的人说："是好一棚大烟火也！"朱元璋如果地下有知，听到这句话，大概也会被这位不肖子孙活活地再气死一回吧。

自幼便醉心于骑马射箭的武宗长大以后依然乐此不疲，打猎是他展示自己这方面才华的一大舞台，不过这还无法让他感到过瘾，战场更让他向往。为了让自己有机会率军出征，武宗实施了中国历史上最荒唐的任命。一日，武宗下诏任命朱寿为总督军务威武大将军总兵官，到宣府、大同、延绥去巡查西北部边境。正当朝中大臣丈二和尚摸不着头脑，搞不清哪里冒出个朱寿时，武宗却以总督军务威武大将军总兵官朱寿的身份大摇大摆地率军出京了。这次出巡还真让武宗体会了一次战场的感觉，正当他出巡时，鞑靼小王子带领5万大军南下骚扰，心血来潮的武宗急忙亲自带兵赶到应州去迎战。不料没等他赶到，鞑靼就退兵了。心有不甘的武宗督军穷追不舍，总算追上了一小股鞑靼兵，结果以死伤数百人的代价杀死了16名鞑靼士兵，武宗认为打了大胜仗，心满意足地命令金鼓齐鸣，凯旋回京。回到京城，他神气活现地对百官说："朕在前线亲自斩杀了一敌兵，卿等知道吗？"还要让吏部加封朱寿为太师，并要再次派朱寿到京郊和山东巡查。大臣见武宗如此胡闹，皇帝不当竟化名当将军，太有失体统，便联名100多人上奏劝谏，试图阻止武宗的胡闹行为。武宗听说大臣联名劝谏，不由大怒，下令将这些大臣撤职的撤职，廷杖的廷杖。不过，大臣们的屁股没有白白挨打，他们的劝谏总算扫了武宗的兴致。

由于武宗荒于政事，宁王朱宸濠便趁机起兵发动叛乱。对于国家内部发生叛乱，武宗不仅不着急，反而大喜，因为这正好给他一个南巡的机会，于是他又打起威武大将军朱寿的旗号，率兵出征。不料大军才走到半路便接到叛乱已经被王阳明平定的报告，不过这个消息丝毫没有降低武宗的兴致，他亲自导演了一出闹剧，下旨将朱宸濠释放，然后再由自己亲自将他抓获，然后大摆庆功宴，庆祝自己平叛的胜利。

其实武宗南巡的真正目的是要到江南游玩，南下平叛只不过是可以名正言顺到江南的一个幌子，现在既然平叛成功，武宗便心安理得地留在江南肆意玩乐。一天，武宗亲自驾着渔船在江上打鱼，正玩得兴起时，不慎跌入江中，差一点被淹死，随从们七手八脚地将他从江中捞起，武宗才没有命丧江南。受了这一次的惊吓，再加上当时已经是九月天气，江水寒冷，而武宗又早已被女色掏空了身体，结果便自此开始生病，而且这一病就再也没有治愈。没了玩兴的武宗匆匆离开江南，然而回到京城之后的他却仍不收敛，照旧纵情荒淫，身体日益虚亏，虽然太医们尽心治疗，可还是没有挽回武宗的生命。数月之后，武宗病死于豹房，年仅30岁，荒唐皇帝的短暂一生终于结束了。

明武宗豹房之谜

　　在明朝16个帝王中，武宗算不上是个显赫的皇帝，但他却是个另类的皇帝。他特别喜欢狩猎及尚武的生活方式，对喇嘛僧、奇异的音乐、食物、妇女有着特殊的爱好。他不住在宫禁大内中，却建了一个与虎豹相邻的豹房，一住就是十几年。有人说他是个淫荡的大魔头，有人说他是崇尚大明初期的传统。

　　做皇帝要讲究文治武功，而明武宗正德皇帝朱厚照留在历史书上的却不是他的治国才能。请看以下这些记载——《明史·武宗本纪》在正德二年（1507）八月条下记载："作豹房。"翻看《明武宗实录》，上面的记述比较详细："盖造豹房公廨，前后厅房，并左右厢房、歇房。时上为群奸蛊惑，朝夕处此，不复入大内矣。"从正德三年起，至十六年（1521）武宗崩为止，武宗迁出了紫禁城大内，住进了皇城西北的豹房，豹房实际上成为武宗起居及处理朝政的地方。

　　豹房到底是什么样的房子？《武宗外纪》有详细的介绍："乃大起营建，兴造太素殿及天鹅房、船坞诸工。又别构院御，筑宫殿数层，而造密室于两厢，勾连栉列，名曰豹房。初，日幸其处，既则歇宿比大内。令内侍环值，名豹房祗候。群小见幸者，皆集于此。"从这段记载来看，豹房原具宫殿密室，内有侍卫值勤。豹房的所在地，据有关专家研究在太液池的西北隅，在虎城北豹房的旁边。由于此地接近豹房，故其建筑有"豹房宫殿"及"豹房官廨"之称。

　　问题是武宗迁出大内住到豹房的目的是什么？从前面记述来看，武宗往往是与"群奸蛊惑""群小见幸者"住在一起，古代的史学家对武宗的这种做法颇有微词。很多人认为豹房是个邪恶丛聚的巢穴，是武宗及其堕落的随从们醉生梦死的地方。在豹房中有大量的歌舞音乐人员在为武宗及其随从表演。《武宗外纪》说："上称豹房曰新宅，日召教坊乐工入新宅承应。久之，乐工诉言乐户在外府多有，今独居京都承应，不均，乃敕礼部移文，取河间诸府乐户精技业者，送教坊承应。于是有司遣官押送诸伶人，日以百计，皆乘传续食。"为什么有这么多乐工在里面，《明史》说武宗主要是受了太监钱能和家奴钱宁的诱惑："（宁）请于禁内建豹房、新寺，恣音伎为乐，复诱帝微行。帝在豹房，常醉枕（钱）宁卧。百官候朝，至晡莫得帝起居。密伺宁，宁来，则知驾将出矣。"武帝在豹房中的生活，无非就是听音乐和酗酒沉醉，真正是醉生梦死了。

豹房中还挑选了大量女人供武宗享受。《武宗实录》记载道：有人说锦衣卫都督同知于永"善阴道秘术"，武宗于是把他召入豹房，与语相悦。于永，是色目人，他进言说回回女"晰润而瑳灿"，比中土的汉族女人更漂亮。其时都督吕佐也是色目人，于永就假冒圣旨索要吕佐家里善西域舞的回族女孩，共有12人，全部进给武宗。12人在豹房中不分昼夜歌舞，武宗还在叫不够劲。于永又出一个点子，让武宗下令召诸侯伯家中原来是色目籍的女人到内宫，表面上讲是教跳舞，实际上是想见到长得漂亮的人就留下来，不让她们出宫。如此强夺民女是武宗最狼藉的行为。

不过有专家不同意这种看法，他们认为有关武宗豹房中生活的记载，存在着蓄意歪曲的情况，这些记载透过对细节的微妙描述，暗示武宗如果不是堕落，就是无能，因而在记录武宗形象时就会出现虚构，记录中也会出现矛盾的场面。这些矛盾，使我们对其他细节的真实性和可靠性，也不能不产生疑问。《武宗实录》正德十四年载刑部主事汪金上疏谏武帝饮酒过量，疏后附有史臣的一段话说："上嗜饮，常以杯杓自随，左右欲乘其昏醉以市权乱政，又常预备瓶罂，当其既醉而醒，又每以进。或未温，也辄冷饮之，终日醘酗，其颠倒迷乱，实以此故。"武宗末年好饮，尤其是带兵巡边时的纵饮，许多书上都有记载，但说他终日醘酗，颠倒迷乱，与真相不符。同是《实录》讲到三年后武宗巡视西北边，从宣府返回北京："自宣府抵西陲，往返数千里，上乘马，腰弓矢，冲风雪，备历险厄，有司具辇以随，也不御。阉寺从者多病惫弗支，而上不以为劳也。"既然是终日受到群小摆布，只知沉湎于酒的愚人，怎么又成了一个孔武有力、冲锋陷阵的英雄皇帝？

官方记载和民间传说中，把强夺妇女入充后宫作为武宗的丑恶行为，并不能全信，他们这样做主要是为了引起读者的震惊。在《武宗实录》等许多书上，说武宗曾向太原乐工杨腾索要其妻刘美人，但这段资料记述上各家矛盾较多，有的说刘美人不是杨腾妻，仅是他名下的妓女，与府中其他妓女同被应召。其实这类皇帝倾倒于民间歌妓的故事，实属异常鄙野，是民间传说和戏剧题材。《武宗实录》这样的记载，主要是纂修官在暗示像武宗这样的人，是不适合做天子的。

另有一种观点认为武宗住到豹房，主要并不是为了享受。武宗与其父及其族弟有所不同，他对军事极有兴趣，有重振明初尚武传统的企望，并有使兵政恢复到明初时居于显要地位的意向。从种种资料来看，武宗在有意地仿效永乐和宣德两帝，并力图恢复一些早期明朝宫廷的传统，因而他对剧烈运动、狩猎、军事操练、战事等特别感兴趣。但武宗的这种做法，遭到大多数文臣的反

对，这是因为武宗若如此行事，以内阁大学士为主的文官集团控制军方及中央政府的权力必被削弱。武宗因为想施政自主，摆脱以大学士为主的文臣们的干涉，从而决定在禁城之外另建宫殿和行政官廨——豹房。在豹房中，他可以从事恢复明朝军事实力的活动而免受文官的牵制。他亲自挑选豹房的随侍人员，所选大部分是外国人和武夫，这些人在他指示之下，开始重练明朝的官军。

居住在豹房中的，除武宗所嬖幸的人之外，人数最多的是当时称为"豹房官军"的一支部队。这支部队中每个人腰间悬一块牌子，牌子上刻有文字说："随驾养豹官军勇士，悬带此牌，无牌者依律论罪，借者及借典者同罪。"这批人都是勇士，名为随驾养豹，实则兼有驯豹和携豹出猎两种职责，同时又是豹房地区的护卫。这些勇士中有很多是蒙古人及西域人的后裔。据《万历野获编》说豹房官军大约200多人，喂养土豹90余只。

武宗这样做的目的，是在试图恢复一种在16世纪初已几乎完全消失的生活方式和政治气氛。他的畜豹行猎，实为恢复明朝军力及帝王的勇武作风，他认为这是大政的一部分。由于朝廷中文官们的反对，武宗决定避开现行的行政体系，另在豹房设立惟己意是从的行政组织。豹房官廨的主要作用，是作为武宗的军事总部和行政中心。从军事上考虑，在豹房官廨的附近地区，由习射之所到御操之地，以及豢驯虎豹的虎城和豹房，都相互毗邻，十分方便。豹房官廨设立以后，大内朝廷形同虚设，内阁大臣们也失去了行政权力，降到了一种类似文书办公室的地方。

持这种观点者认为，武宗对狩猎、豹、外国人、武夫以及尚武的生活方式的爱好，并不符合某些官僚们心目中帝王身份的模式。到了16世纪初，多数文臣认为皇帝不应亲身暴露于任何有危险性的场合，即使是狩猎，也被认为是不适合皇帝的娱乐。因此许多人对武宗任何与军事行动有关的内容，表现出不赞同的情绪，甚至会加以讽刺。如武宗在万寿山前阅兵，却被有的文臣称为："大要以恣驰骋，供嬉戏，非有实也。"认为此类操练不切合实际，似花拳绣腿一般。

武宗的豹房，其实是朝廷文武双方争夺统治优势，以及皇帝与最高廷臣争持操纵明帝国行政权的产物。武宗建筑豹房殿廨，是为了设立可以推行其重振明朝武力和抑制文臣权力计划的基地。武宗之所以被写作史书的文臣们抹黑，原因就在于此。

明武宗是个特别另类的皇帝，有人说他从未用心于政事，有人说他昏狂无道，有人说他荒淫残暴，而这样的评价都与他的豹房密切有关。这个特殊的豹房，的确有着谜一般的传说，后人要掀起它的盖头，尚需用第三只眼才能解决。另类皇帝要用另类的思维才能解释。

刘瑾专权之谜

明正德年间，民间流传一句俗语，说当今有两个皇帝，"一个坐皇帝、一个站皇帝，一个朱皇帝、一个刘皇帝"。坐皇帝、朱皇帝是指明武宗朱厚照，站皇帝、刘皇帝指的又是谁呢？他就是明朝三大宦官之一——刘瑾。一个地位卑微的太监何以如此权高位重，权比皇帝呢？

刘瑾，兴平（今属陕西）人，本姓谈，六岁时被镇守太监刘顺收为义子，并靠刘的关系得以净身入宫，遂改姓刘。刘瑾入宫以后，常从老宦官那里听说关于英宗时期宦官王振的许多传闻，很是羡慕，幻想着有朝一日，自己也能出人头地，成为权倾朝野的人物。

刘瑾在明孝宗在位时侍奉太子朱厚照。他对这个难得的机会十分珍惜，因为他知道今日太子即是明日皇帝，等太子登基即位后，他这个日夜服侍的太监就是大功臣了，权势与富贵便会随之而来。他仰慕的"前辈"王振也是从侍奉太子起家的，侍奉好太子是实现自己权力欲望的第一步。于是，刘瑾千方百计地讨好太子，小心翼翼地侍奉当时只有10多岁的朱厚照。

弘治十八年（1505）五月初六，36岁的孝宗突然病死。太子朱厚照依制即皇帝位，是为明武宗。当时朱厚照年仅15岁。这时的刘瑾终于盼来了出头之日。

朱厚照身边有8位宠爱的太监，他们是刘瑾、马永成、高凤、罗祥、魏彬、丘聚、谷大用、张永，这8个宦官依仗皇帝的权势，在外面胡作非为，人称"八虎"。刘瑾则以其善察言观色、诡计多端，堪称"八虎"之王。

想插手朝政，就得要讨好皇帝，取得皇帝的信任，并让其玩物丧志，这样才能背着皇帝干为非作歹的勾当，所以刘瑾和其他7个宦官想方设法地鼓动武宗游玩享乐，陪他打球骑马、放鹰猎兔。刘瑾最受武宗的信任，不仅在内宫监任职，而且掌管着京城的精锐守卫部队。刘瑾每天都给武宗安排许多寻欢作乐的事，等武宗玩得正起劲的时候，他把大臣的许多奏章送给武宗批阅。明武宗很不耐烦，说："我要你们干什么？这些小事都叫我自己办？"刘瑾表面上灰溜溜地退下去，心里却美滋滋的。此后，他更是有恃无恐，批阅奏折、排除异己、独断专行，把朝廷弄得乌烟瘴气。刘瑾怕人反对自己，便派出东厂、西厂特务四出刺探，还在东厂、西厂之外，设一个内行厂，由他直接掌管，连东厂、西厂的人，也要受内行厂监视。被这些特务机构抓去的人都受到残酷刑罚，被迫害致死的多达几千人。此时刘瑾已是一人之下万人之上的"刘皇帝"了。每次武宗上朝时，刘瑾站在他的右边，文武百官拜见过皇帝后，还要朝刘瑾方向作一揖，所以时人称武宗是"坐皇帝"，刘瑾为"站皇帝"。

在权力欲望满足后，刘瑾的财欲却是欲壑难填。他利用权势，贪污受贿、敛财之巨令人发指。各地官员想保住官职或想升迁就得向刘瑾行贿，少则千两多则上万，否则乌纱帽甚至连全家老小的性命都不保。地方官员到京都朝见，怕刘瑾给他找麻烦，先得给刘瑾送礼，一次就送2万两银子。有的官员进京的时候没带那么多钱，不得不先向京城的富豪借高利贷，回到地方后才偿还，称为"京债"，当然，这笔负担全转嫁到老百姓身上了。有个京城官员出差回来，因没有借到钱，不敢回京见刘瑾，急得在途中自杀。

刘瑾飞扬跋扈、胡作非为，民间怨声载道，朝廷内外的正直官员对其恨之入骨，但慑于其耳目众多且心狠手辣，皆敢怒不敢言，就连"八虎"内部也矛盾重重。

公元1510年，安化王朱寘（音 zhì）镭，以反对刘瑾为名，发兵谋反。明武宗派杨一清起兵讨伐，派宦官张永监军。杨一清曾被刘瑾诬陷迫害，后来经大臣们营救，才幸免于难。杨一清对刘瑾早就有铲除之心。他打听到张永原是"八虎"之一，刘瑾得势以后，张永跟刘瑾也有矛盾，就决心拉拢张永。平定叛乱后，在押解朱寘镭回京的路上，杨一清找张永密谈，说："这次靠您的大力，平定了叛乱。但铲除一个藩王容易，内患却不好解决，怎么办？"张永惊异地说："您说的内患是什么？"杨一清凑近张永，用右手指在左掌心里写了一个"瑾"字。张永一看，先是一惊，但暗地高兴，他故意皱起眉头说："这个人每天在皇上身边，耳目众多，要铲除他可难啊！"杨一清见张永果然也对刘瑾心存杀心，就凑到张永耳边低声说到："您也是皇上亲信。这次凯旋回京，皇上定会召见您。趁这个机会您把朱寘镭谋反的起因奏明皇上，皇上一定会杀刘瑾。如果大事成功，您就能名扬后世啦！"但张永心犹豫：如果大事不成，定会遭刘瑾报复而死无葬身之地。杨一清见他下不了决心，又说："如果皇上不信，您可以哭谏，表明忠心，大事一定能成功。不过这件事得先下手为强，免得走漏风声，大家都没命。"本来就对刘瑾不满的张永，经杨一清一怂恿，胆子也壮了起来。到了北京，张永按杨一清的计策，当夜参见武宗，揭发刘瑾谋反，并把藏于袖中弹劾刘瑾的奏折呈上，奏折上列出刘瑾17条罪状，条条都被在场的马永成等人证实。武宗立即命令张永带领禁军捉拿刘瑾，刘瑾毫无防备，正在家中酣睡，禁军轻而易举将其捉住，投入大牢。

第二天，武宗亲自出马，去抄刘瑾的家。结果发现刘瑾家中有私刻的皇帝印玺，以及玉带、龙袍、盔甲武器等禁止百姓和官员私自拥有的禁物，在刘瑾经常拿着的扇子中还发现了两把匕首。武宗见了大怒，终于相信刘瑾谋反的事实，立即下令将刘瑾凌迟处死。当时有个叫张文麟的刑部主事，亲见刘瑾被凌刑的过程，并将此事记录下来。根据规定，凌迟刀数应该为3357刀，每10刀一歇一吆喝，行刑的第一、二两日按规定先剐357刀，从胸膛左右起，剐肉如指甲片大小。初动刀则有血流寸许，再动刀则不见血了。可能是由于犯人受惊，血流入小腹、小腿肚，刀剐完毕，开膛剖腹，

刘 瑾

则见血从这些地方流出。行刑当晚押刘瑾到顺天府宛平县寄监，松绑数刻，当时刘瑾尚能食粥。第二天，继续押至刑场。刘瑾就刑时，乱言宫内之事，刽子手以麻核桃塞其口，数十刀以后刘瑾晕死过去。行刑的那些天，京城沸腾，刑场周围，人山人海。原来受过刘瑾迫害的人家纷纷用一文钱买下一片肉以祭冤死者，甚至将其肉生吞下去，以解心头之恨。

刘瑾专权期间，到底搜刮了多少钱财至今还是个历史之谜。抄没的刘瑾家财数字，史书记载不一，其中据《明史纪事本末补编》所载是："金二十四万锭又五万七千八百两，元宝五百万锭，银八百万又一百五十三万三千六百两，宝石二斗，金甲二千、金钩三千，玉带四千一百六十二束，狮蛮带二束，金银汤盏五百，蟒衣四百七十袭，牙牌二匣，穿宫牌五百，金牌三，衮龙袍四领，八爪金龙盔甲三十副，玉琴一，玉瑶印一。共金一千二百五十万七千八百两，银共二万五千九百五十万三千六百两。"不言而喻，刘瑾是中国历史上最贪冒聚敛的大贪官之一。

"壬寅宫变"之谜

嘉靖二十一年（1542）十月的一天夜里，紫禁城内发生了一起惊天大案：嘉靖皇帝当晚夜宿在宠爱的妃子端妃曹氏的宫中，宫女杨金英等人乘着皇帝熟睡之时，用绳子勒住他的脖子，想把他勒死，可是匆忙中，宫女们将绳子结成了死扣，没办法勒紧，只是把嘉靖皇帝给弄昏迷过去。这时，有一个宫女认为不能勒死皇帝是因为有神灵的佑护，害怕之中，就偷偷跑出去告诉了方皇后，结果嘉靖皇帝被救下。这一年是农历壬寅年，所以这起凶案又称为"壬寅宫变"。由于涉及皇宫内的隐私，所以明朝统治阶层极力掩盖此事，史书中很少有详细的记载，而在民间则议论纷纷，说法很多，成为明史中又一疑案。

"壬寅宫变"震惊了皇宫上下，人们实在难以想像宫女竟然有如此胆量谋杀皇帝，于是追寻作案动机、擒拿幕后黑手便成为案发后的首要任务。事发之后，杨金英等16名当晚值班的宫女全部被抓起来，并受到严刑拷打，很快就供出了试图弑君的主谋元凶，宫女们一致指认是宁嫔王氏所策划。一个妃子之所以会做出如此大案，说到底，根源仍在嘉靖皇帝本人身上。说到这里，就必须简单介绍一下嘉靖皇帝。

嘉靖皇帝名朱厚熜（音cōng），是武宗朱厚照的堂弟，即兴献王的长子。正德十六年（1521），朱厚照因为长期的荒淫无度而死，死时仅30岁，没有留下儿子，于是就在皇太后和当时的内阁首辅杨廷和的商议下，立朱厚熜为帝，以次年为嘉靖元年，史称明世宗。

嘉靖皇帝登极初始也颇有作为，他革除了很多正德年间的弊政，并诛杀了朝中的奸臣钱宁、江彬等，当时朝廷上下都认为碰到了少有的圣君，可以大有一番作为。但是好景不长，很快嘉靖皇帝和大臣们之间就产生了严重的矛盾，这就是有名的"大礼议"之争。原来，嘉靖皇帝是以明武宗嗣子的身份当上皇帝的，因此他继承的是武宗的江山和血脉，这是中国封建正统伦理所十分讲究的名分问题。可是，嘉靖皇帝在即位6天之后就变了卦，发下诏旨让大臣们讨论如何才能给自己已故的亲生父亲兴献王封上皇帝的尊号。对于这件事，朝中大臣认为是关系天下的根本问题，所以内阁首辅杨廷和为首的百官都极力反对，并出现了60多位大臣联名抗议的事情，对此皇帝一概残酷对待。事情僵持得不可开交，最后大臣们虽然对抗不过皇帝，但也因此导致君臣之间的不和，此事一直闹腾了20多年才消停。

经过此事，嘉靖皇帝开始荒于朝政，而沉迷于荒淫之事，纵情于女色之中。特别是他继位近10年后，仍没有生下儿子，让他很着急。恰巧在这个时候，有个大学士叫张孚敬说什么古时候的天子在立皇后的同时，还要建六宫、三夫人、九嫔、二十七世妇、八十一御妻，这样才会有很多的后代，他向嘉靖皇帝建议说，皇上年富力强，更应该广求淑女，为将来有更多的后代打算。这正对了嘉靖的心意，既可以满足他的色欲，同时嫔妃多了，生儿子的几率也提高了。所以他就下旨广选天下的淑女，使得后宫佳丽越来越多。只是红颜易老，随着皇帝的喜新厌旧，后宫妃子之间就不断发生各种各样的冲突，这当中，就涉及到了"壬寅宫变"中的几个女人，其中一个是方皇后。嘉靖皇帝前后共有过3位皇后，第一位皇后陈氏在嘉靖帝还没有即位时就是王妃，只是由于为人性情冷僻、不苟言笑，受到了冷落。有一天陈氏与嘉靖坐在一起，此时陈氏已经怀孕多日，正在闲聊时，有张氏、方氏两个妃子进来，嘉靖对其中的张妃十分喜爱，惹得陈皇后吃醋了，就将杯子投到地上，结果触怒了皇帝，被大加呵斥，一惊之下，陈氏流了产，大病一场死去了。第二位皇后就是那位张氏，陈皇后死后，张氏被立为皇后。后来张氏红颜渐老，皇帝不喜欢了，嘉靖十三年(1534)，明世宗找了个借口废掉了张氏。第三位就是方皇后，她与前两位皇后一样都没有生育。可以想见，随着岁月的流逝，嘉靖皇帝很快对方皇后也渐渐厌倦起来，这很自然就会引起方皇后对其他妃子的怨恨。第二个女人则是事变的主谋宁嫔王氏，王氏后来曾为嘉靖帝生了一个儿子，按惯例，她应该由嫔晋为妃，但不知为什么，没有受到晋封。因此有人在分析此案的起因时提出，王氏就是由此而心怀不满策划谋害皇帝的。第三个女人，则是受"壬寅宫变"牵累的端妃曹氏，她长得非常美丽，深受嘉靖皇帝的宠爱。可以说，自从有了端妃，皇帝就连每天的早朝也不上了，整日在后宫与端妃饮酒狎欢。而端妃因受皇帝的独宠而和王氏产生过冲突，受到了王氏的嫉恨。

所以，当王氏被招供出来之后，出于对端妃的嫉妒王氏便将她也拖下水，硬说端妃是此事的同谋。而事件发生后，嘉靖皇帝本人一直处于昏迷之中，宫

中的事务都由方皇后处理，于是方皇后就代替皇帝下令，将一贯与自己不和的端妃还有王氏等20余人统统处以凌迟。据说在临刑的时候，端妃曾经大声呼喊冤枉，骂王氏诬陷自己，而王氏知道自己必死，因此冷冷地说："当初你在皇帝面前凌辱我，今天你也得到了报应，我总算出了口气，让你也不得好死。"

事情过了一个月后，嘉靖皇帝才醒了过来。醒后他第一个要找的人就是端妃，谁知已经被方皇后处死了。起初，人死不能复生，嘉靖皇帝也就没有多想，以方皇后救驾有功，封其父亲为平安伯，

明世宗朱厚熜

并且从此后对方皇后非常敬重。可是，嘉靖皇帝终究念念不忘端妃的好，开始疑心起来，不相信端妃会害自己，因为她是皇帝最宠爱的妃子。一段时日后，嘉靖皇帝向身边的侍卫询问端妃受刑的情节，侍卫就把端妃临死前与王氏的对话说了出来，他才知道原来端妃是冤枉的，就更加怀念端妃，并痛恨方皇后，从此就很少接触皇后。再后来，皇帝又有了新宠，方皇后的处境就更加不堪了。

"壬寅宫变"5年之后的嘉靖二十六年（1547）十一月的一天，皇后居住的坤宁宫突然失火，嘉靖皇帝眼看着大火越来越猛烈，却迟迟不命人去救火，并说宫殿烧了可以再重新建起来，结果方皇后被活活烧死。据近代史学家分析，正是嘉靖皇帝让人放的火，原因自然是要给端妃报仇，但因皇后没有明显过失，不能光明正大地废掉她，就只好出此下策来实现自己的目的。

后世史家们对"壬寅宫变"发生的主要原因，持有不同的意见。

对于王氏主谋加害皇帝的说法，就有人提出不同的看法。认为王氏没有理由指使宫女们杀死嘉靖帝，因为作为一个生有皇子的妃嫔，为了争宠而冒这么大的风险，是没有必要的，而十几位宫女为争宠而不顾生死谋害皇帝，这种可能性也不大。

于是有人提出，"壬寅宫变"的发生是由于嘉靖帝为炼制长生不老的丹药，酷虐宫女所致。因为嘉靖皇帝十分嗜好修道，自号"天池钓叟"，每日不是与后宫的美女鬼混，就是与道士混在一起炼丹求仙。当时，南阳有一个方士叫梁高辅，自称有养生的法术，道士陶仲文将他介绍给了嘉靖皇帝。梁高辅入宫后就教皇帝如何炼制春药，制作春药的方法十分残忍，据说要用七七四十九个童女初潮的经血精心炼制成丸，服后一夜可御十女。嘉靖皇帝大喜，立刻按照道士的话去炼制这种药丸，为此，曾先后从全国征选了1000多名8至14岁的幼女进宫供其炼制春药。在"壬寅宫变"前的两年中，宫内炼丹之风达到了极点，为了采得足够的炼丹原料，皇帝强迫宫女们服食催经下血的药物，造成失血过多甚至血崩，许多人因此丧命。此外，为了防止泄漏炼药的秘密，甚至残忍地将取过血的宫女杀死灭口。所以后来有人推测，杨金英等宫女正是由于亲眼目

睹宫女们饱经残害的场面，自知这种灾难早晚会降临到自己头上，才决定拼死一搏的。还有人则认为此次宫变很有可能是一场政治斗争的结果，因为"大礼议"之争刚刚才以嘉靖帝的胜利宣告结束，就发生了"壬寅宫变"，因此，不排除这是政治斗争的失败者利用妃嫔意图除掉嘉靖帝。

严嵩功过之谜

在人们的印象中，严嵩是一个典型的白脸奸臣，《明史》将他列于《奸臣传》，为后世文人所不齿。在严嵩当政期间，明王朝内忧外患，形势急转直下，他负有不可推卸的责任，同时，其贪污受贿也是历史上所罕见的。不过也有人认为，严嵩最多只能称为权臣，其败落是当时明王朝诸多复杂因素共同作用的结果。那事实到底是怎样的呢？

严嵩（1480—1566），江西分宜人，字惟中，号介溪，嘉靖时期专擅朝政达20余年，是中国历史上有名的奸臣。明世宗信奉道教，一心炼丹，荒于政事。严嵩投其所好，侍奉虔诚，善于写应制文词，颇受宠信，因此被任命为内阁首辅。他在位期间，善于弄权，卖官鬻爵，网罗党羽，贿赂公行，当时朝中大臣大多都投靠到了他的门下。当时，鞑靼俺答汗屡次南侵，北边军情非常紧急。嘉靖二十九年（1550），俺答汗率军直驱北京城下，可是严嵩党羽大将军仇鸾却不敢出战，严嵩谎称鞑靼"掠饱则自去"，坐视不问，导致鞑靼坐大。

可以说，在20余年当政的时间里，严嵩一手遮天，权倾天下。直到嘉靖末年，御史邹应龙、林润抓住机会相继弹劾其子严世蕃，结果严世蕃被杀，严嵩也遭到革职，从此失势。

据说，严嵩被革职后，朝廷查抄其家产，结果发现有黄金30万两、白银200万两、良田美宅数十所，可见其贪污之甚，这大概是他会被后人所唾骂的重要原因。1566年，87岁的严嵩在家乡分宜悄然离开人世。

不过，近年也有学者指出，对于严嵩的评价应该分为几个不同的时期来看，事实上，在他任职的前期，还是做过一些有益的事情的。如嘉靖初年，他出任国子监祭酒一职，在任期间便曾经提出过不少很好的意见，其中包括增加国子监诸生的生活补贴，建议停止捐银买卖监生头衔等等。而在充任经筵讲官的时候，他也能以儒学所倡导的观点来劝导嘉靖皇帝。

对于在此以后严嵩的专权，也有学者提出了不同的意见。他们指出，事实上，在朱元璋于明朝初年废除宰相职位以后，明朝的内阁首辅权力并不大。根据《明史·严嵩传》的记载，严嵩任首辅后，"帝虽甚亲礼嵩，亦不尽信其言，间一取独断，或故示异同，欲以杀其势。"这说明当时的嘉靖皇帝虽居大内，却是紧握皇权的。王世贞《嘉靖以来内阁首辅传》也说："（世宗）晚年虽不御殿，而批决顾问，日无停晷；故虽深居渊默，而张弛操纵，威柄不移。"因此，严嵩"窃弄威柄"的可能性是很小的。有一次严嵩的亲家都察院左都御史欧阳必进想做吏部尚书，虽然经过严嵩哀求再三，但世宗也仅让欧阳做了半年的吏部尚书便将他罢职了。可见，严嵩即使想安排一下儿女亲家都不容易，更不用说把持朝政、结党营私了。

另外，由于当时的嘉靖皇帝崇奉道教，因此力赞玄修、进献青词几乎是担任阁臣的必要条件，所以"谀""媚"是阁臣们的共性，而严嵩并不见得比别的阁臣更谀更媚。相反，在一些事情上，他还往往能够坚持自己的意见。比如，有一次世宗居住的西苑永寿宫发生火灾，世宗打算重修宫殿。严嵩考虑世宗久不上朝，营建又要花费巨额资财，所以不同意重修宫殿，而另一位阁臣徐阶竭力主张重建。在这件事上，当时很多人都赞成严嵩的意见。《明史纪事本末·严嵩用事》在分析世宗宠信严嵩的原因时说："况嵩又真能事帝者；帝以刚，嵩以柔；帝以骄，嵩以谨；帝以英察，嵩以朴诚；帝以独断，嵩以孤立……猜忌之主，喜用柔媚之臣。"可见，因为严嵩能真诚事主，并无二心，才能够赢得皇帝的信任。

在严嵩的家乡，不论是知识分子还是普通农民，人们至今还认为对严嵩至多只能称为"权相"，而基本上不说是"奸臣"。在谈到他的"过错"时，也多认为主要是他的儿子严世蕃得罪了他人，才招致祸端。另外，据说严嵩本人在日常生活中不但不奢侈腐化，还非常"俭朴"哩。同时，他还好做善事，从嘉靖二十三年到三十五年的十多年时间内，他先后在宜春、分宜两县捐钱修建了4座石拱桥，共花三四万两银子，此外还曾经出资修葺了分宜县学等等。

虽然在政治上对严嵩的争议很多，但其文学才能却是人所公认的。据说他幼时十分聪慧，从小就文辞出众，八岁时书史成诵，出句成章。根据《严氏族谱》的记载，严嵩读私塾时，经常和他的老师及叔父对联语，其作有"手抱屋柱团团转，脚踏云梯步步高"、"七岁儿童未老先称阁老，三旬叔父无才却作秀才"等等，由于出语非凡，被人称为神童，所以他在24岁的时候就考取了进士。很多人站在比较客观的立场上指出，对于严嵩不能因人而废文。明朝古文运动领袖李梦阳便评论他的诗词"达达者其词，和淡者其词"，称他为"淡石潭翁"。他的《钤山堂集》存目于清代纪晓岚主编的《四库全书》之中，《四库全书总目提要》评价《钤山堂集》时，认为"孔雀虽然毒，不能掩文章"。明朝文豪王世贞生父被严嵩所害，可以说与他有不共戴天之仇，但也本着"代不能废人，人不能废篇，篇不能废句"的精神，十分肯定严嵩的诗词。

作为明朝历史上一位重要的历史人物，严嵩

严 嵩

的一生非常值得人们研究，虽然从总体上来说，我们可以认为他是一个权臣或奸臣，但历史人物总是存在不同的侧面，这也是我们至今仍然在对严嵩的评价上存在争论的原因。

王阳明惧内之谜

王阳明是我国明朝历史上著名的哲学家，他创立的"心学"独成一家，和程朱学派意趣迥异，是中国历史上为数不多能够在死后从祀文庙的人。他不仅是一个大思想家，同时也是一个政治家、军事家，《明史》曾评论说"终明之世，文臣用兵制胜，未有如守仁者"。可以说，他的一生一向被封建知识分子看作是"立德、立言、立功"的典范。不过，与很多成功者一样，在他的生命中同样充满了坎坷与不幸，至今让人追思不已。

王守仁（1472—1529），原名云，后更名守仁，字伯安，号阳明，学者称阳明先生，明成化八年（1472）九月三十日生于绍兴府余姚龙城山上之瑞云楼。他的父亲王华是成化十七年的状元，官至南京吏部尚书。因此，王阳明从小就受到了很好的教育，20岁中举人，27岁就中了进士，之后历任刑部、兵部主事。

不过没多久，他就迎来了人生的第一次挫折。正德初年，宦官刘瑾专权，许多正直人士都遭到迫害。正德元年（1506），刘瑾矫诏逮捕戴铣等，守仁时任兵部主事，抗疏救援，"宥言官，去权奸"，"有政事得失，许诸人直言无隐"，同时还要正德皇帝"开忠谠之路"，结果触怒了刘瑾，被廷杖40大板，逮捕下狱，之后被贬为贵州龙场驿丞。

关于王阳明在被贬谪后，赴贵州途中是否遭到刘瑾追杀一事，人们还存在一定的争论。一般的看法认为，王阳明去贵州的途中确实遭到了刘瑾的追杀，结果王阳明只能"投水避祸"，并且写下了两句遗诗"百年臣子悲何极，夜夜江涛泣子胥"，最后独自遁入武夷山。但更多的学者认为这并非实情。事实上，关于他遭刘瑾遣人加害的说法虽然见于黄宗羲《明儒学案》"瑾遣人迹而加害，先生脱水投去"，但在他的《年谱》和《行状》中都没有这样的记载。而且当时被刘瑾列入"奸党"名单榜示天下的有53人，其中包括前任大学士刘健、谢迁，尚书韩文、杨守随、林瀚，都御史张敷华，郎中李梦阳，阳明排在其后为第八人。对于"罪魁"刘、谢、韩、杨等人，

王守仁　　明代哲学家、教育家。曾经在故乡阳明洞讲学，世称"阳明先生"。他善诗文，工书法。

刘瑾也并没有派人加害，毋论"协从"阳明了。因此，所谓刘瑾追杀只是阳明个人的臆测。而且，还有一件事可以作为旁证，即阳明至龙场后曾经为自己准备好石棺，可见他当时仍然担心刘瑾的加害，因此，他在赴贵州途中的投水也就不难理解了。

正德三年春天，王阳明来到了贵州。在贵州，他的思想有了新的飞跃。王阳明的学术，本来是秉承陆象山"心便是天理"的学说，和禅宗比较接近，讲究顿悟。在学术问题上，阳明多年来没有大的突破，总过不了顿悟这一关。到贵州以后，日子苦了，境遇差了，心里孤独了，忽然有一天便把问题想开了，求人不如求己，求诸外物不如求诸本心，一下子就明白了。这在历史上被称为"龙场悟道"，在他的思想形成过程中有很重要的地位。同时，在贵州期间，王阳明还根据当地风俗人情，劝诱百姓向善，办了许多好事，和当地少数民族相处非常融洽。

正德五年，刘瑾伏诛，王阳明也随之迎来了他事业的辉煌顶点，此后他多次率军镇压农民起义，平定宁王朱宸濠的叛乱，立下赫赫战功，从此平步青云，终为南京兵部尚书，成为了一代封建文人的楷模。

在他的后半生，平定宁王的叛乱是他最大的功绩，但也正是在这件事上最多遭到后人的诟病。根据《明武宗实录》的记载，在宁王朱宸濠叛乱之前，王阳明"在南赣，尤为濠所慕，馈遗相属于道。尝贻书陆完，谓可任江西巡抚者。"在朱宸濠生日时，王阳明也曾经前往贺寿。因此，后人曾经指责他有通逆的嫌疑。不过，最近有学者指出，这样的说法并没有充足的证据。事实上，当时受到宁王拉拢的还有很多人，其中包括刘瑾、大学士费宏、兵部尚书陆完、都御史李士实以及著名文人唐寅等，因此交往的密切并不一定意味着"通濠"。至于王阳明给宁王贺寿，也不能作为他通逆的证据。因为当时给宁王拜寿是江西现任及致仕官员对宗室表示尊重的一种方式，只是一种常规性的礼节，王阳明也不例外，只是由于性格的关系，他比较不注意避嫌罢了。

王阳明的惧内也是后世文人难以理解的一点。沈德符在《万历野获编》中曾经纳闷地说："吾浙王文成之立功仗节，九死不回，而得严事夫人，唯诺恐后。"阳明为天下景仰的真男子、大丈夫，竟然惧内，确实令后人感到奇怪，以至于钱钟书先生在《围城》中也曾经借董斜川之口说王阳明怕老婆。最近有人指出，阳明的惧内确是事实，并有其难言之隐。

弘治元年(1488)，阳明17岁（其实尚未满16周岁）奉父命往南昌完婚。夫人诸氏，是江西布政司参议诸养和的女儿。各种迹象表明，阳明与妻子的关系十分微妙，甚至可以说很不和谐。新婚之夜，王阳明便彻夜未归。据说他当时去了一个叫铁柱宫的道观，与观中道士谈起了养生之道，以致忘了自己的洞房花烛夜，直到岳父派遣人员到处找他，从铁柱宫把他"捉拿归案"。再如在为岳父所作的祭文中，阳明曾公然表示愧意："我实负公，生有余愧；天长地久，其恨曷既。"直到嘉靖四年正月，诸氏去世时两人之间也没有留下子女。

这就不得不令人怀疑他的身体状况。事实上，王阳明的身体一向不好。正德三年，他在贵州时，有人请教神仙术，阳明说了自己的身体状况："仆诚生八岁而即好其说，今已余（逾）三十年矣，齿渐摇动，发已有一、二茎变化成白，目光仅盈尺，声闻函丈之外，又常经月卧病不出。"这时阳明才38岁，本应是年富力强，却已是视力下降、听力衰退、齿松发白、疾病缠身，可见其体质之差。正德十年，44岁的阳明终于立堂弟守信之子正宪为后。

综合以上各种情况，王阳明惧内的真实原因很可能是自身体弱多病，性功能低下所引起，他在新婚之夜到铁柱宫与道士谈论养生，并非是忘了洞房花烛之事，而是有意逃避可能发生的性生活的不和谐。当然，这也只是后人从一些蛛丝马迹中的揣测罢了，事实究竟如何，恐怕只有他自己知道了。

戚继光斩子之谜

自古"虎毒不食子"，然而戚继光为了严明军纪，竟将自己的儿子斩死于阵前。事实的真相到底如何？戚继光真的会为了严明军纪而大义灭亲么？

戚继光（1528—1587），字元敬，号南塘，晚号孟诸，明朝名将，民族英雄，军事家。祖籍河南卫辉，后迁定远（今属安徽），再迁山东登州（今蓬莱）。戚继光自幼喜读兵书，勤奋习武，立志效国。17岁袭父职任登州卫指挥佥事，立志抗击入侵山东沿海的倭寇，并赋诗言志："封侯非我意，但愿海波平"。嘉靖三十四年，调任浙江。次年，升都司参将，镇守宁波、绍兴、台州，与倭寇三战三捷。三十九年，改任台州、金华、严州三府参将，次年获"台州大捷"，至此，浙江倭患基本解除。四十一年，戚继光奉命入闽，与俞大猷和刘显协力作战，攻克平海卫，升福建总兵。其后又与谭纶、俞大猷等抗倭名将浴血奋战10余年，基本荡平东南沿海倭患。隆庆元年（1567），戚继光奉调京师训练士兵。万历十一年（1583），受排挤，调镇广东。十三年，遭诬陷罢归登州。十五年十二月初八病卒，终年61岁。有《止止堂集》留世。所撰《纪效新书》《练兵实纪》为明朝著名兵书，受到兵家重视。

戚继光戎马一生，抗倭战功卓著。他经常以岳家军为榜样，对士兵严格要求，命其一不扰民，二要拼死杀敌，成为国之栋梁，他训练出来的戚家军使倭寇闻风丧胆。关于戚继光严明军纪、赏罚分明、不徇私情的品质，浙江和福建一带一直盛传着"戚继光斩子"的传说，其真假与否，历来众说不一。各地故事的版本也有所不同，但主要有两种。

在浙江临海流传的故事版本中是这样记载的，嘉靖年间，戚继光率领戚家军在海门一带抗倭。一次，约3000名倭寇在海门沿海上岸，准备去临海、仙居一带抢劫。戚继光命令戚小将军领兵在双港与城西交界的花冠岩一带埋伏，自己出兵佯败，把倭寇引到上界岭，等倭寇全部进入包围圈后，再两军夹击，一举全歼。戚小将军年轻气盛，交战心切，没等倭寇全部进入包围圈就下令擂鼓冲锋，结果让一部分倭寇逃脱了。戚继光回营升帐，因戚小将军没按照军令行事，便下令将他推出去斩首。陈大成等将领跪在地上要求从宽处罚，留他一条性命将功赎罪。戚继光不答应，说："我是一军主帅，如果我的儿子犯了军令可以不杀，以后还怎么带兵？军中的命令还有谁去执行？"于是，就在白水洋上街水井口这个地方，戚继光忍痛斩了儿子。当地百姓为了纪念打了胜仗又被斩首的戚小将军，修建了"太尉殿"。浙江省温岭县民间也有类似的传说，不过斩子地点在肖泉，当地至今仍有肖泉小将军庙故迹。而两地所传被斩的均是戚祚国。

另在福建宁德流传的版本中，传说戚继光率兵入闽抗倭，头一仗打的就是海上倭寇巢穴——横屿。横屿是一个海上孤岛，与宁德的樟湾村隔海相望，涨潮一片汪洋，落潮泥泞一片，不易攻取。经过一番明察暗访，戚继光终于决定在中秋节下半夜出击，拂晓前捣毁横屿倭巢。临行前，戚继光晓谕全军："潮水涨落，分秒必争，只许勇往直前，不准犹疑回顾。违令者斩！"戚继光的儿子戚狄平任先锋官，首先带领队伍出发。行至麒麟山下的宫门嘴山口时，戚狄平想知道父亲所在的中军是否跟上来，就回头朝樟湾方向望了望。跟在后面的将士以为先锋有令传达，不觉脚下一顿。戚继光发觉有人停马回头，立即询问是什么原因停步不前。中军回报说是戚先锋回顾所致。戚继光大怒，命人将戚狄平绑至马前，斥责道："你身为先锋，带头违令，如何叫三军将士服从军令。"于是下令按军法就地问斩。身边部将纷纷说情，都无济于事。结果，戚狄平还是在大路边被斩首示众。戚家军扫平了横屿倭巢之后，就南下福州继续追剿倭寇。一次战斗间隙，戚继光登上闽侯吼虎山，想起爱子被斩于宁德樟湾村头，不禁伤心下泪。后人就在他曾立足思念爱子的地方建起一座六角凉亭，取名"思儿亭"，樟湾百姓还在当年戚狄平被斩的地方立有"恩泽坛"石碑，以永远纪念戚继光斩子的大义之举和戚氏父子剿倭保民的功劳。此外，福建还有其他许多地区流传"戚继光斩子"的传说，其中连江、宁德、闽侯民间传说斩子地点在连江麒麟山下（一说白鹤岭），斩的是戚狄平；福州民间传说斩子地点在福州北岭，闽侯民间也有此说；仙游、莆田等地民间则均传说斩子故事发生在当地（莆田说在城外），斩的是戚印。

种种传说虽然不一，但都表明了"戚继光斩子"在民间的影响力。但也有人提出异议，如郭沫若就认为该传说乃"后人所造的"。

疑点总结起来，大致有三：第一，在正史和有关资料中没有关于该传说的记载。《明史》、《明书》、《闽书》、尹璂的《罪惟录》、董承诏的《戚大将军孟诸公小传》和汪道昆的《孟诸戚公墓志铭》等著作中均未提及此事。第二，戚继光的长子

戚继光

戚祚国等在戚继光死后曾为其编纂《年谱》。如此，被斩的就绝不可能是戚祚国。此外，《年谱》对戚继光的事几乎有闻必录，但没有谈及戚继光斩子的事。更重要的是，根据《年谱》记载，戚继光和结发王氏于嘉靖二十四年成婚，即使立刻得子，在他于嘉靖三十四年赴浙江和嘉靖四十一年入闽抗倭时，其子年龄也尚小，不足以在战斗中任要职。再次，戚继光在其死前所作的祭祀祖先的《祝文》中记载自己有5子，分别为祚国、安国、昌国、报国和兴国，其中并没有提到戚狄平和戚印。由此推断，戚狄平和戚印其人即使存在，充其量也不过是戚继光的义子罢了。

看来，"戚继光斩子"一事的真实性，还需要更多的证据来加以证明。

明神宗不喜长子之谜

万历六年(1578)，明神宗举行大婚典礼。婚后，皇后迟迟没有生育，直到万历九年(1581)才产下一女。皇帝没有儿子，皇位继承便出现问题，这是事关国本的大事，一时间，皇帝什么时候能生皇子便成为朝野关注的热点。万历十年(1582)八月，王恭妃生下神宗的皇长子朱常洛，这本是大喜之事，然而明神宗却反应冷淡。为什么会这样呢？

事情还要从皇长子朱常洛的生母王恭妃说起。原来王恭妃本是慈宁宫的宫女，一次，明神宗来到慈宁宫索水洗手，王氏捧了水盆侍候神宗洗手，不想神宗一时兴起，便"私幸之"。不料"有心栽花花不开，无心插柳柳成荫"，明神宗的这次意外风流却使王恭妃怀上了身孕。慈圣李太后看到王氏体形出现变化，追问之下得知此事。一日，神宗陪李太后用膳，李太后便向神宗问起他私幸王氏之事。神宗因为王氏出身卑微，加上自己也并不是真的喜欢王氏，便矢口否认。不料纸包不住火，原来明朝有制度规定，皇帝对宫女"有私幸，必有赐赏"，随侍的文书宦官即在内起居注上记录下来，以备需要时查

明神宗朱翊钧

核。李太后早已查过内起居注，掌握事情真相，见皇帝否认，便命人取来内起居注。面对白纸黑字的证据，神宗只得低头承认。李太后见神宗对此事有意隐瞒，便开导神宗说："我年纪已经老了，还没有孙子，如果王氏能生个儿子，也是宗社的福分，何必要隐瞒呢？"母命难违，神宗不得已在万历十年(1582)四月，将身怀六甲的王氏册封为恭妃。同年八月，王恭妃生下皇长子朱常洛。然而，神宗毕竟对王恭妃没有一点感情，册立其为恭妃也是在母亲压力下的违心之举，因此尽

管王恭妃生下皇长子朱常洛，神宗却长期不给其加封位号，甚至还将她打入冷宫，根本不见她一面。朱常洛也因为母亲不受宠，惨遭池鱼之殃，史载自朱常洛诞生始，"一应恩礼俱从薄"。

有人认为，神宗冷淡王恭妃母子的最重要原因，便是早在万历十年（1582）三月，也就是在李太后压力下册封王氏为恭妃之前，神宗就已经爱上另一个女子郑氏。郑氏是大兴人，万历初年进宫，有闭月羞花之貌，沉鱼落雁之容，更兼聪明伶俐，善解人意，深得明神宗的喜爱，可谓是三千宠爱集一身。与王恭妃册封的艰难相比，郑氏的进封可以说是一帆风顺，万历十一年（1583）册封为德妃，万历十二年（1584）进封为贵妃。万历十四年（1586）生子朱常洵后，神宗便以生子有功为名，将其位号进封为皇贵妃。而王恭妃虽然早早地生了皇长子，却连贵妃的位号也没有得到。神宗欲进封郑氏为皇贵妃时，曾遭到大臣的指责，户科给事中姜应麟在奏折中指出，封郑氏为皇贵妃而不进封王恭妃，于情于礼都不合适，因此要求神宗收回进封郑氏为皇贵妃的成命，如果一定要进封郑氏，也应该先进封王恭妃为皇贵妃。史载神宗看到奏折后大怒，用手连连拍着桌子大骂，结果姜应麟被降职到边远地区任杂职，郑氏被进封为皇贵妃，而王恭妃依然没有得到进封。

史载郑氏生了皇三子朱常洵后，便倚宠向神宗要求立朱常洵为太子，而神宗因为宠爱郑氏，爱屋及乌，对皇三子朱常洵也非常喜爱，有意立他为太子。《先拨志始》记载，北上西门（紫禁城西北门）之西，有大高元殿，供奉真武大帝，郑氏与明神宗曾特地到大高元殿行香，并在殿中设下将来立朱常洵为太子的"密誓"，并"御书一纸，封缄玉盒中"，由郑氏保存。正因为神宗一直有意立朱常洵为太子，因此对皇长子朱常洛便态度冷淡。按常规，皇子七八岁时便应出阁讲学，接受教育，但神宗直到朱常洛13岁时才在群臣的力争下勉强同意让他出阁讲学。而朱常洛在举行冠礼、大婚甚至册立皇太子时，也没能得到正常的待遇，"一切典礼俱从减杀"。

朱常洵出生后，郑氏被进封皇贵妃，群臣意识到神宗有废长立幼之意，首辅申时行便上疏要求"册立东宫"，称"祖宗朝立皇太子，英宗以二岁，孝宗以六岁，武宗以一岁，成宪具在。"结果神宗仍以朱常洛年纪太小为由，称过两三年再举行册立。到了万历十八年（1590），申时行再次提出册立东宫，神宗仍然借口"长子犹弱"加以拒绝。由于申时行等内阁大臣纷纷采取"杜门求去"的方法抗争，神宗无奈，便答应到万历二十年（1592）春举行册立仪式。到了万历二十年（1592），神宗再次反悔，以"小臣烦激，违旨侮君"为名，将要求册立东宫的大臣或夺俸或杖责或斥逐为民。万历二十一年（1593），朱常洛12岁，神宗已经无法以皇长子年幼为借口，便找了个新借口，称皇后年尚少，也许还会生儿子，因此要再等两三年，如果皇后还没有生子再行册立。此论一出，举朝大哗。

正当朝中大臣对册立东宫一事争论得沸沸扬扬时，李太后感到不能不出来说话了。王恭妃原是她宫中的宫女，李太后是喜欢她的，也心疼长孙朱常洛，因此决定干预此事。有一天，神宗到慈宁宫向母亲请安，李太后借机问神宗："外廷诸臣多说该早定长哥（明代宫中称太子为长哥），如何打发他？"神宗回答："道他是都人（明代宫中称呼宫女为都人）的儿子。"李太后闻听此言不由大怒，正色训斥道："母以子贵，宁分差等？你也是都人的儿子！"神宗原本只是想为不立朱常洛为太子寻找个理由，却忘记了李太后也是宫女出身，早年以宫女身份为隆庆皇帝生下了朱翊钧（即明神宗）才进封为贵妃，换句话说，自己也是都人的儿子，如果都人的儿子就不能立为太子，自己这个皇帝也当不成了。听到母亲训斥，神宗惶恐万状，急忙伏地请罪。经过这次事件，神宗自知理亏，不得不让步，同意册立朱常洛为太子。

然而，尽管朱常洛被册立为皇太子，地位却并不稳固，一方面神宗册立他为太子并非出自真心，另一方面郑贵妃时时想制造"易储"的局面。朱常洛的皇太子地位岌岌可危，朝野上下那些维护祖宗法度、维护正统观念的人们忧心忡忡，民间也议论纷纷。神宗对太子的冷淡使得太子地位始终未能真正巩固，这导致了"妖书案""梃击案"等一系列疑案的出现，使当时的政坛因此动荡不定，为日后的党争之祸种下了祸根。

张居正身死受辱之谜

张居正堪称有明一代权力最大的内阁首辅。张居正本人曾对人说："我非相，乃摄也。"所谓"摄"，就是摄政，是代皇帝执政，显然张居正自己也认为，他的权力超出一般的内阁首辅。沈德符在《万历野获编》中也称，张居正"宫府一体，百辟从风，相权之重，本朝罕俪，部臣拱手受成，比于威君严父，又有加焉。"张居正号太岳，时人竟将太岳相公与大明天子并称，张居正的显贵可见一斑。然而，就是这样一位显赫一时的超级首辅，却在死后惨遭清算，差一点被"断棺戮尸"。为什么生前威风八面的张居正在死后会受到如此羞辱呢？

隆庆六年（1572年）六月，明穆宗逝世，年仅10岁的明神宗朱翊钧即位，身为帝师的张居正在皇太后的支持下坐上了内阁首辅的宝座。在以后的10年时间里，大明王朝进入了张居正时代。作为明代最有建树的政治家，张居正在执政的10年中雷厉风行地推行以富国强兵为目的的改革，一举扭转了嘉靖、隆庆以来财政连年亏空的窘境，使万历初年成为有明一代最为富庶的时期，同时他在军事上的改革也使原来"虏患日深，边事久废"的局面大为改观。《明神宗实录》在对张居正的评价中称："海内肃清，四夷詟服，太仓粟可地调，淘经济之才也。"对张居正执政10年的成绩给予了充分的肯定。即便是对张居正怀有偏见的李贽也感叹张居正是"宰相之杰"。然而令人费解的是，如此功勋卓著的张居正却在尸骨未寒之际成为朝野攻击的对象，最后落得个抄家封门的下场。人们不禁要问，为什么张居正死后会出现这样的结局？

张居正

一种观点认为，张居正在推行改革的过程中独断专行，树敌过多。《明神宗实录》在论及张居正不足时说："（张居正）偏衷多忌，小器易盈，钳制言官，倚信佞，方其怙宠夺情时，本根已断矣。"

不可否认，张居正在实行改革时的确有些独断专行，按他自己的话来说，改革必须"谋在于众，而断在于独"。其实，张居正的独断专行也有他不得已的苦衷。张居正执政之初，政局混乱，吏治腐败，官员们整天只知道相互攻击，而对政事却因循敷衍。张居正曾把当时官场中的上下级比作婆媳，称婆婆终日在嘴上唠叨，而媳妇却总是充耳不闻。为了改变这一局面，张居正力排众议实行了"考成法"，整顿吏治，对官员实行逐级考核，裁撤了一批冗官。那些在整顿吏治中受到冷落和打击的官员自然心怀不满。而张居正推行的清丈田粮和一条鞭法，也都会使豪门巨室的利益受损，因此反对的声音一浪高过一浪，面对重重阻力，为了使新政得以实施，独断专行便成为张居正最常用的武器，而这也必然得罪了许多人。

万历五年（1577），张居正的父亲张文明病逝，按照当时的规定，官僚丁忧必须辞官守制。然而当时改革正处于关键时期，张居正不愿因为守制使改革半途而废，便与司礼监掌印太监冯保联手策划"夺情"之局，由万历皇帝下旨"夺情起复"，张居正以"在官守制"的形式继续执掌朝政大权。此举引来了一片反对声浪，大臣们纷纷指责张居正违背传统的儒家伦理纲常，不配继续身居高位。当时反对最激烈的是翰林院编修吴中行、翰林院检讨赵用贤、刑部员外郎艾穆、刑部主事沈思孝。由于有万历皇帝和皇太后的全力支持，加之张居正又与宫内实权人物司礼监掌印太监冯保结成权利联盟，于是张居正票拟谕旨，对吴、赵、艾、沈四人施以严厉的廷杖，把那些反对者强行打压下去。然而此举遭来更多的非议，张居正也因此四面受敌。

张居正在世时，由于大权在握，加上皇帝、皇太后与冯保的全力支持，其地位无可动摇，因此百官大多只能将不满埋在心底，表面上还要争相拍马献媚。万历十年（1582）春，张居正病重，久治不愈，朝廷大臣上自六部尚书，下至冗散闲官，无不设斋醮为之祈祷，日夜奔走于佛事道场，把祈求张居正平安的表章供在香火缭绕的神坛之上。然后再把这些表章装进红纸封套，罩上红色锦缎，恭恭敬敬地送至张府以表忠心。然而，张居正去世后，昔日表忠心的表章立即变成了弹劾的奏章，树敌太多的张居正终于遭受了致命的报复。

还有一种观点认为，张居正身死受辱的真正原因是他威权震主，祸萌骖乘。有学者指出，张居正四面树敌固然对他造成不利的影响，但并不足以招来抄家之祸，而明神宗对他威权震主的报复，才是张居正悲剧结局的关键因素。

　　明神宗即位时年仅10岁，皇太后将小皇帝的调教全权交给了张居正。史载身为帝师的张居正对明神宗的教育是极为严格的，有一次，神宗在读《论语》时，误将"色勃如也"的"勃"字读成"背"音，张居正立刻厉声纠正："当作勃字！"声如雷鸣，吓得小皇帝惊惶失措，在场的官员也无不大惊失色。皇太后在宫中对神宗进行管教时，也常常说："使张先生闻，奈何！"因此，在明神宗幼小的心灵里，对张居正是畏惧大于敬重。然而，随着年龄的增长，明神宗不再是昔日无知的幼儿，对权力的渴望使他对张居正独揽大权开始心怀不满，然而，皇太后对张居正的全力支持却让他无可奈何，张居正"乞休"事件让明神宗深深体会到了这种困境。

　　万历八年（1580）三月，已经感到"高位不可以久居，大权不可以久窃"的张居正向神宗提出"乞休"的请求，毫无思想准备的神宗第一反应便是下旨挽留，毕竟在他即位的这几年里，一切军国大政都是由张居正主持的，他还真不知道一旦这位让自己敬畏的老师离开，情况会变成什么样子，想必他还记得当年张居正回乡葬父时，自己面对军国大政手足无措，不得不一日之内连下三道诏书，催促张居正早日返京的事。然而，两天后张居正再次上疏乞休，并提出一个折中方案：只是请假，并非辞职，国家如有大事，皇上一旦召唤，朝闻命而夕就道。神宗有些心动了，毕竟此时神宗已经年满18岁，按照常规也到了亲政的年龄，他也想尝尝亲政的滋味，只是张居正的地位太过特殊，没有太后的同意自己也不敢做主，于是神宗便去请示皇太后。想不到皇太后竟然说："与张先生说，各项典礼虽是修举，内外一切政务，尔尚未能裁决，边事尤为紧要。张先生受先帝付托，岂忍言去！待辅尔到三十岁，那时再作商量。先生今后再不必兴此念。"明神宗忽然发现，在皇太后眼中，自己竟然还是一个无知小儿，没有丝毫处理朝政的能力！这对一个自以为已经长大成人的18岁少年而言无疑是一个巨大的打击，而"辅尔到三十岁"更是让神宗一下子看不到自己亲政的希望。相信在这时，神宗心中原来对张居正的敬畏已经变成了怨恨，因为张居正已经成为他亲政的障碍。

　　万历十年（1582）六月二十日，张居正病逝，享年58岁。终于亲操政柄的神宗很快等到了弹劾张居正的奏疏。陕西御史杨四知上疏弹劾张居正十四大罪，尽管杨四知的弹劾没有什么真凭实据，神宗却没有放过这个发泄心中怨恨的机会，立即在奏疏上批示："居正朕虚心委任，宠待甚隆，不思尽忠报国，顾乃怙宠行私，殊负恩眷。念系皇考付托，待朕冲龄，有十年辅佐之功，今已殁，姑贷不究，以全始终。"神宗的这个批示表面看起来还有些顾念旧情的意思，实则不啻是向天下传达了一个可以弹劾张居正的信息。果然，此后弹劾张居正的奏折接连不断，神宗也顾不得什么"姑贷不究，以全始终"了，万历十一年（1583）三月，明神宗下诏追夺张居正官秩，接着又下诏查抄张府，并亲笔写下"张居正诬蔑亲藩，侵占王坟府第，钳制言官，蔽塞朕聪……专权乱政，罔上负恩，谋国不忠，本当断棺戮尸，念效劳有年，姑免尽法追论。伊属张居易、张嗣修、张顺、张书都着永戍烟瘴地面，永远充军。你都察院还将居正罪状榜张居正死了，他的葬礼可谓极备哀荣。然而，想不到仅仅过了9个月，一切都变了，昔日显赫的江陵张府已经变成了人间地狱，还差一点被断棺戮尸。这场奇祸因何而生，是张居正生前树敌太多，还是他威权震主？张居正如果地下有知的话，恐怕要好好反省了。

万历朝"妖书案"之谜

万历朝最大的政治事件之一，便是所谓"争国本"，也就是明神宗的继承人问题。明神宗的皇后无子，按礼制，皇长子朱常洛应该被立为皇太子，然而明神宗却因为宠爱郑贵妃，有意立郑贵妃的儿子皇三子朱常洵为太子。而将维护礼制视为天职的朝中大臣自然不会坐视明神宗废长立幼的违制行为，于是双方冲突不断，奇案迭出，"妖书案"便是其中之一。从发生到破案，妖书案始终与朝中激烈的政治斗争交织在一起，这使得案情更加扑朔迷离，疑云重重，"妖书案"也因此成为千古之谜。

所谓"妖书"，实则是类似传单的揭帖，是一种匿名的政治宣传品。万历朝的妖书案，影响较大的有"忧危竑议"妖书案与"续忧危竑议"妖书案，内容都与太子地位密切相关。

万历十六年（1588），河南人吕坤任山西按察使，以饱学之士自居的他把历史上的"烈女"事迹编成一本书，名为《闺范》。这本书刊刻后流行很广，不久便由太监传入宫中。万历二十三年（1595），得到此书的郑贵妃命人增补了10余人，以汉明德皇后开篇，郑贵妃终篇，并加写一篇序文，嘱托其伯父郑承恩及兄弟郑国泰重新刊刻，书名改为《闺范图说》。不料到万历二十六年（1598），有人托名"燕山朱东吉"撰写了一篇《闺范图说》跋，题名《忧危竑议》。托名"朱东吉"，意为东宫大吉。题名《忧危竑议》是因为吕坤曾上过一个奏折，尾句有"敬上忧危之疏"之语，因此"借其名以讽"。《忧危竑议》主要说吕坤的《闺范图说》首载汉明德马后由宫人进位中宫，客观上是适应郑贵妃想登上后位的需要，而郑贵妃之所以要重刻此书，目的在于想为立自己儿子为太子制造依据。《忧危竑议》出现后很快传遍京城，搞得满城风雨。吕坤得知自己被卷入是非之中，急忙写了《辩忧危竑议疏》向皇上辩白，声明自己撰写《闺范》的目的只是为了"明女教"，与郑氏刊刻的《闺范图说》没有关系。神宗看到事情牵连到郑贵妃，不得不亲自出面干预，称《闺范》一书是他亲自推荐给郑贵妃的，因为书中大略与《女鉴》主旨相仿佛，以备朝夕阅览，并在谕旨中轻描淡写地作出结论："这事朕已洞知，不必深办。"神宗下令不必深办，不是对编写《忧危竑议》的人怀有宽容之心，而是担心此事追究起来，郑贵妃难脱干系。不过，神宗并不想就此放过制造妖书的人。郑贵妃的伯父郑承恩看到《忧危竑议》后，怀疑是吏科给事中戴士衡和全椒县知县樊玉衡所为，因为戴士衡曾弹劾吕坤，说他"潜进《闺范图说》，结纳宫闱"，而樊玉衡则曾在要求册立太子的奏折中指责皇贵妃"不智"。神宗得到郑氏报告后，当即半夜传旨，将二人下诏狱拷讯，最终二人均被流放到边远地区。

然而一波未平，一波又起。万历三十一年（1603）十一月十一日早晨，自朝房至勋戚大臣门口，都被放上匿名书一帙，封面题名"国本攸关"四字，而第一页第一行上赫然写着"续忧危竑议"五个大字。自称"续忧危竑议"，就是在表明此文是续"忧危竑议"而来。书中托名郑福成为问答，"郑福成"的含义，乃是指郑贵妃之福王（朱常洵）将成为太子。

与《忧危竑议》相比，《续忧危竑议》的言辞更加激烈。《续忧危竑议》抓住皇太子岌岌可危的处境大做文章，指责郑贵妃企图废太子，册立自己的儿子为太子。书中称，神宗册立朱常洛为太子乃是出于迫不得已，但太子居住的东宫规制都不具备，因此储位未妥，国本未固，他日必将改封。而一旦改封，因为母爱者子贵，以郑贵妃之得宠，必然是福王朱常洵成为太子。文中又称，神宗之所以任用朱赓为内阁大学士，是因为"赓"与"更"同音，暗含他日变更朱家太子之意，还列举了依附朱赓的9个文武大臣的名字，称他们为"十乱"，声称在"十乱"的活动之下，不知什么时候太子就会被废掉。此外，书中还指责首辅沈一贯为人"阴贼"，"欲右郑而左王（指太子朱常洛）"。

一夜之间，《续忧危竑议》传遍京城，上至宫门，下至街巷，到处都有，舆论随之哗然。人们看到《续忧危竑议》竟指名道姓地议论当时朝政中最敏感的话题，个个大惊失色。朱赓一大清早在家门口发现了"妖书"，一看内容，竟是诬陷自己是"动摇国本"、他日更换太子的祸首，惊怒之下立即入宫，将《续忧危竑议》进呈神宗。此时，提督东厂司礼监太监陈矩也已经将此事报告神宗。神宗看完《续忧危竑议》勃然大怒，命令陈矩"大索，必得造妖书者。"

东厂、锦衣卫为了侦破妖书案，在京城掀起了一场大逮捕行动，一时间搞得京城内外人人自危，先后被捕入狱的有锦衣都督周嘉庆、僧人达观、医生沈令誉、四川渠县训导阮明卿、礼部右侍郎郭正域的仆人毛尚文等。其中周嘉庆和阮明卿等很快被释放，而其他人则卷入了朝中激烈的派系斗争。

妖书案发生之初，首辅沈一贯、次辅朱赓因为都被《续忧危竑议》指名道姓地认定是郑贵妃的帮凶，为避嫌疑，都闭门不出，内阁仅剩下沈鲤一人主持日常工作。与沈鲤原本不和的沈一贯当然不愿将权力拱手让给沈鲤，便想方设法将沈鲤拖入妖书案中，沈鲤的门生礼部右侍郎郭正域便成为他的突破口。沈一贯先是指使他的亲信刑科给事中钱梦皋上疏诬陷郭正域、沈鲤与妖书有牵连，要求严查到底。震怒之中的神宗遂授权沈一贯彻查此事，并下令郭正域"还籍听勘"，同时命令"急严讯诸所捕者"。有了明神宗的授权，沈一贯便放开手脚开始陷害沈鲤和郭正域。京营巡捕陈汝忠受沈一贯之命，先后逮捕了僧人达观、医生沈令誉、仆人毛尚文，这些人都与郭正域有某种联系，逮捕他们就是想从这些人口中引出郭正域。然而，僧人达观被拷打至死，沈令誉受刑后奄奄一息，都未招认郭正域。毛尚文虽然在利诱之下同意指认郭正域，但由于供词漏洞百出，没有能达到诬陷郭正域的目的。情急之下，三法司的官员又把郭正域的同乡胡化抓来，要他诬陷郭正域、沈鲤，也遭到胡化的严辞拒绝。

为了达到诬陷郭正域的目的，沈一贯等人在东厂、锦衣卫和三法司会审时，竟然要沈令誉家奶妈的10岁女儿出庭作证。司礼监太监兼提督东厂太监陈矩问小女孩："你看到印刷妖书的印版一共有几块？"小女孩根本不懂，便胡乱回答："满满一屋子。"陈矩听了大笑，说："妖书只有两三张纸，印版怎么可能有一屋子呢？"陈矩又问另一个嫌犯："沈令誉告诉你刊印妖书是哪一天？"那人也是信口开河，回答道："十一月十六日。"参与会审的兵部尚书王世扬说："妖书于十一月初十日已经查获，怎么可能在十一月十六日才刊印呢？"最高司法当局的会审，搞成了一场闹剧，连对沈令誉的指控都无法成立，对郭正域的诬陷当然难以成立。心有不甘的沈一贯派人到沈鲤家中搜查了三天，结果一无所获，便又发兵包围由京返乡的郭正域的坐船，企图迫使郭正域自杀，又遭郭正域的坚决拒绝。

正当沈一贯等人加紧诬陷郭正域的时候，皇太子朱常洛得知郭正域因"妖书案"受牵连，十分不安。由于郭正域曾经在朱常洛出阁讲学时任过讲官，与朱常洛关系很好，深知郭正域为人的朱常洛对有人陷害郭正域十分不满，多次对身边的官员说："何为欲杀我好讲官？"又传话给提督东厂太监陈矩："饶得我，即饶了郭先生吧！"陈矩见皇太子力保，加上确实无法证实郭正域与妖书案有关，便有意为郭正域开脱。也正是陈矩鼎力平反，郭正域才免遭陷害。

"妖书案"迟迟无法侦破，东厂、锦衣卫的压力越来越重，便加紧对疑犯搜索。十一月二十一日，东厂缉获一名可疑男子皦生彩，据他的供词，其兄皦生光有重大嫌疑。锦衣卫立即逮捕了皦生光，并在他家中查获罗纹笺写的手稿等物证。皦生光原是顺天府的秀才，不过却不走正道，专门以"刊刻打诈"为生，曾经伪造郑贵妃的伯父郑承恩和富商包继志的诗，向他们胁诈金钱。虽然皦生光这些事情与"妖书"并无直接关系，办案官员却顾不得这许多，他们把为皦生光刻书的刻字匠徐承惠抓来作为证人，徐承惠招供曾为皦生光刻过《岸游稿》12张及"妖诗"一版。掌管锦衣卫的王之桢便据此认定，皦生光就是"妖书"的作者。然而，皦生光虽然受到酷刑审讯，但始终不肯承认。陈矩知道皦生光的确不是妖书案的作者，但迟迟不能结案，神宗必然发怒，到时候受此牵连的人会越来越多，而皦生光妖书案虽然冤枉，但他以前犯的事也已经是死罪，便有意让皦生光顶罪。在他与会审官员的努力下，皦生光终于认罪。据《罪惟录》记载，参与会审的御史沈裕曾厉声对皦生光说："恐株连多人，无所归狱。"听了这样的诱供，皦生光不得不自己"诬服"，以后也不再翻供。他叹息道："我为之，朝廷得我结案已矣，如一移口，诸臣何处乞生？"会审官员得到皦生光的口供，如获至宝，急忙向神宗报告，声称"生光前作妖诗，继播妖书，众证甚确，自认无词。"神宗于是下令三法司尽快定罪。

万历三十二年（1604）四月，刑部尚书萧大亨把三法司拟定皦生光"论斩"的结论上报神宗，神宗以为定刑太轻，要求从重拟罪。萧大亨心知此案证据不足，"论斩"已经有些过重，不愿再另拟重刑，便请神宗定夺。神宗急于结案，便亲自定罪，以"生光捏造妖书，离间天性，谋危社稷"的罪名，下令将皦生光凌迟处死，再枭首示众。

皦生光被凌迟处死，妖书案也终于结案，但有关妖书案的争论却并没有结束。皦生光是否真是案犯在朝野引起了极大的争议。

有人指出，妖书案的最终定案有如儿戏。据《先拨志始》记载，参加审讯的御史余懋衡向众官员宣布，他定罪的依据是："昨梦观音大士说：'妖书系生光造的。'"在场的人听了莫不匿笑。此话传到宫中，神宗也哭笑不得。

沈一贯、朱赓对"妖书"出于皦生光之手表示怀疑。他们曾就此案向神宗皇帝表示，有关皦生光的证据"空洞繁言，无足推求事实"，"含糊难明"。当然，沈一贯等人的目的是要找出所谓幕后的黑手，也就是郭正域、沈鲤。史载沈一贯的心腹钱梦皋和康丕扬对皦生光严刑逼供，希望他指证郭正域，皦生光却对着他们大骂："死则死耳，奈何教我迎相公（指沈一贯）指，妄引郭侍郎乎！"刑部尚书萧大亨想讨好神宗，再三诱使生光说出"同谋主使之人"，生光拒不服从，抗言道："我自为之，谁为主使？"在会审时，萧大亨甚至把写好的纸条塞入刑部主事王述古袖中。纸条上写着："脱生光而归罪（郭）正域。"王述古正色拒绝："狱情不出囚口，出袖中乎？"

还有人说，"妖书"出于武英殿中书舍人赵士桢之手。赵士桢一向慷慨有胆略，"妖书案"发后，杜门不出。据说，皦生光凌迟处死后，赵士桢精神错乱，屡次梦见皦生光索命，一病不起。相传临死前，他透露了这一秘密。又传闻，赵士桢临死时，"肉碎落如磔"。所谓"肉碎落如磔"云云，当然是民间关于因果报应的街谈巷议，姑妄听之。不过，由此也折射出舆论的导向：皦生光死得冤枉。但谁是妖书真正的作者呢？依然是个千古之谜。

东宫"梃击案"之谜

万历末年，围绕着皇帝宝座的争夺，紫禁城内连续发生了三件疑案，分别发生在三个皇帝在位期间，即万历皇帝和儿子光宗朱常洛以及他的孙子熹宗朱由校，这就是有名的"明末三案"——"梃击案"、"红丸案"和"移宫案"。这三案彼此牵连，影响重大，关系到明朝后期政治权力的争斗，一直被史学家们所重视。但由于这三案涉及的时间久、人物多、经纬复杂，因此其中真相一直扑朔迷离。

　　就在万历皇帝立太子不久后的万历四十三年(1615)，皇宫内发生了一件怪事：这天，一个中年汉子手拿一根木棍跌跌撞撞地打入太子朱常洛居住的慈庆宫，并将把守宫门的太监击伤，直到闯入前殿檐下，才被太子的内侍韩本用等人捉住。

　　说到这里，就有必要先对万历皇帝的情况作一些介绍，因为"明末三案"的起因，都和万历皇帝对立太子的态度和其本人的行事有关。

　　万历皇帝是明朝在位时间最长的一个皇帝，名朱翊钧，年号为万历，死后谥为神宗。他是明朝第十三个皇帝，在明朝16帝中，他在位时间最久，从隆庆六年(1572) 六月即位算起，至万历四十八年(1620) 七月去世，身居帝位长达48年。他同时又是明朝最有争议的皇帝，据史书记载，他贪财好色，懒散拖沓，多年倦于朝政，对国事漠不关心，曾经创下二十几年不上早朝召见大臣的记录。曾有海外学者提出，在明朝，内阁制度长期以来形成的中央国家机器的自我运转，使得万历清醒地认识到作为皇帝，即使想有所为，也会受到各种掣肘而无所行事，因此他便以不临朝为抗争。但比较客观的事实是，万历登基时年仅10岁，还是个小孩，扶植他的一个是母亲李太后，一个是太监冯保，另一个是内阁首辅张居正。这3个人互相利用、互相合作，万历就是在他们的管制下成长起来的，最高统治权旁落到这3人手中。长期的约束，使得万历在真正能够行使自己手中的大权后，却早已厌倦了朝廷的事情，反而是贪钱之心十分重，凡是朝中大臣有什么请求，他一定要索取钱物等报酬，将朝廷的事视若商人之间的交易。在这样的心态下，又碰到了在立太子问题上与朝廷大臣之间形成对立，这就更是给了万历皇帝借题发挥的机会。

　　这种情况到了万历十四年皇三子朱常洵出世后，发生了变化。原来皇三子朱常洵的母亲郑贵妃是万历最宠爱的妃子，她因为生下了皇三子，被封为皇贵妃，地位比生下皇长子的王恭妃还高，这样一来引起大臣们的不满，他们认为这不符合礼法，郑贵妃的地位不应该高于生下皇长子的王恭妃。大臣们不仅私下议论纷纷，还为此专门上奏折议论此事，要讨个说法。恰巧在此时，宫中又传出皇帝与郑贵妃有了秘密约定，许诺要将皇位传给皇三子。这样更引起了大臣们的担心和议论，纷纷上疏要求早点将皇长子朱常洛的太子地位明确下来。对此，万历皇帝既想改立皇三子，但碍于大臣们的阻力太大，又不能不考虑，况且太后也反对。为了避免两边都不好交待，万历皇帝就将大臣的奏章统统"留中"，就是既不答复也不发还，想拖些时候再说。于是，太后、大臣和皇帝、郑贵妃之间就形成了长达10多年的建储之争，立太子的事就这么拖了下来。时间一年年过去，万历皇帝已经40岁了，众大臣锲而不舍，要求立太子的奏章越来越多，眼看着再拖下去是说不过去了，万历皇帝只好立朱常洛为东宫太

子，这时朱常洛已经20岁了。

虽然立太子最终以大臣们的胜利告终，但是郑贵妃并不死心，仍想寻找机会废掉太子，但由于当时支持太子的李太后还在，郑贵妃也不敢轻举妄动，直到万历四十二年李太后病逝，第二年就发生了前面说的"梃击案"。

事件的发生，引起了朝廷上下的关注，京师百官群情汹涌，都认为是郑贵妃在后面捣鬼，要迫害太子。万历皇帝也不能明显包庇，就一边命令刑部官员审理，一边想大事化小。审理的结果是，说闯进宫里的人叫张差，是蓟州井儿峪人，闯宫的原因是被人烧了供应差役的粮草，一气之下来到京城，要向朝廷申冤，结果误闯宫门。刑部判案的结论是，张差语言混乱，好像是个疯子，就以"疯癫闯宫罪"论处，草草了事。这个结果最符合万历皇帝的心意，因为不用再对幕后指使人进行追究了。但是，朝廷大臣们却不相信，也不答应。不能明着和皇帝对着干，有个刑部主事叫王之寀（音cài）的就想办法私下去牢里审问张差，结果却让人大吃一惊：张差供称是受了宫里太监指使闯宫梃击的，指使的人是郑贵妃翊坤宫中的大太监庞保、刘成及其亲戚马三道、李守才等人。供词一出，举朝哗然，大臣们再次向皇帝上奏折要求彻底查清幕后指使人，同时大臣们明确地将怀疑的对象指向了郑贵妃及其兄弟郑国泰身上，因为在"梃击案"之前就曾经发生过针对太子的"妖书案"，当时的种种迹象表明与郑国泰有关。

大臣们要求将张差及所供称的这些人一并交给三法司重新审讯，要查个水落石出。万历皇帝被弄得没办法，只好一方面命郑贵妃向皇太子表明心迹，说她是爱护太子的，另一方面又要太子向廷臣表明态度，证明此事与郑贵妃无关。而身为太子的朱常洛长期处于担惊受怕的境况下，也希望尽快了结此案。于是，皇帝召集大臣们公开处理此案，宣布此案幕后指使人是庞保、刘成，而凶犯张差是个有精神病的人，下令将这三个人处决，与其他人无关，太子也当众向大臣表了态。这样，事情才算告一段落。

张差被处死后，由于郑贵妃的求情，庞保和刘成并没有被当场处决，又生出一些枝节来，但最终万历皇帝担心因此而惹来麻烦，就将庞保、刘成二人在宫内秘密处死。这反而又给此案留下了种种疑云，因为庞、刘二人被灭口，恰恰暴露了当事者心虚的一面。据说，张差本人在临刑时就曾颇感冤屈地说："同谋做事，事败独推我死，而多官竟付之不问。"确实，张差成为争夺太子之位的一个牺牲品，成为皇帝与廷臣们争斗的一个工具，而其中反映出的却是明朝宫廷内部争斗的残酷性。

“民抄董宦”之谜

　　董其昌是明朝著名的书画家，他的书画在明朝被奉若珍宝，尊崇为"本朝第一"，《明史》甚至称誉他的画作"非人力所及也"。董其昌还当过皇太子的老师，在士大夫之间颇有名望。可是，就是这样一个有功名且在书画艺术和文物鉴赏方面有相当造诣的文人，同时却又是一个为非作歹于乡里的恶霸，民间流传的"民抄董宦"的事件就证明了这一点。

　　董其昌，字元宰，华亭（今上海松江）人，明朝万历年间，既是著名的书画大师，又是当世名士。他做过太子讲官，在士大夫当中享有很高的声誉。早年时，"礼部侍郎田一俊以教习卒官，其昌请假，走数千里，护其丧归葬"，赢得了士林的一片赞誉。但是在民间，董其昌的口碑却极差，在他们的眼中，董其昌是一个十足的势利小人。

　　万历三十四年，董其昌督学湖广，为"势家所怨……毁其公署"，他不得已请辞归家。在松江府家居，他称霸乡里，时常与儿子、悍仆恃势虐民。他家有大片良田，却纳税很少，还以押债盘折田地，纠赌劫夺钱财，封钉民房，逮押乡民，甚至逼死人命。董家的所作所为引起很大民愤，最终发生了"民抄董宦"事件，成为万历年间震惊朝野的一件大事。

　　所谓"民抄董宦"事件，起因于万历四十三年时，董其昌看中了诸生陆绍芳佃户的女儿、年轻美貌的绿英，而当时他已经实足六十高龄。为了得到绿英，他指示儿子及手下爪牙强抢绿英到董府，给他做小妾。对此，陆绍芳非常愤慨，在四乡八舍逢人便讲，进行公开批评。由于松江民众早已对董家的恶行有意见，此事一出，当即有人编出故事来表达愤怒之情，题目叫《黑白传》，因为董其昌号思白，另一个主角人物是陆绍芳，缘于陆本人面黑身长。故事第一回的标题是："白公子夜打陆家庄，黑秀才大闹龙门里"。

　　不久，说书艺人钱二到处说唱这个故事。董其昌知道后大为恼怒，以为这是一位叫范昶的人捣的鬼，便派人每天对范昶凌辱逼问。范昶不承认，还到城隍庙里向神灵起誓，为自己辩白，董家依然不放过他，最后竟逼得他暴病而死。范母认为这是董家逼辱所致，于是带着儿媳龚氏、孙媳董氏等到董家门上哭闹，董其昌父子指使家丁对她们大打出手，又将她们拖到隔壁坐化庵中，关起门将几个妇女摁倒，剥掉裤子，用棍子捣戳阴户。范家儿子用一纸"剥裤捣阴"的讼状

董其昌

将董家告到官府。但是，官府受理了诉状，又碍于董其昌之名难于处理，一时拖延不决。

董其昌及其家人"封钉民房，捉锁男妇，无日无之"的令人发指的罪行，早已激起了民众特别是士林的愤怒。万历四十四年（1616）的春天，从初十、十一到十二日，飞章投揭布满街衢，人们声称他是"兽宦"、"枭孽"，儿童妇女竟传："若要柴米强，先杀董其昌。"徽州、湖广、川陕、山西等处客商，凡受过他家欺凌的人都参加到揭发批判的行列中来，甚至连娼妓嫖客的游船上也辗转相传。

到了十五日庙会期间，老百姓拥挤在街道两旁，不下百万，把董其昌爪牙陈明的数十间厅堂尽行拆毁。第二天，从上海青浦、金山等处闻讯赶来的人上房揭瓦，用两卷油芦席点火，将董家数百间画栋雕梁、朱栏曲槛的园亭台榭和密室幽房，尽付之一炬，把董其昌儿子强拆民房后盖了未及半年的美轮美奂的新居也一同烧了个干净。十九日，仍不罢休的民众将董其昌建在白龙潭的书园楼居焚毁，还把有董其昌手书"抱珠阁"三字的匾额沉到河里，名曰："董其昌直沉水底矣。"这时董其昌只能在苏州、镇江、丹阳、吴兴等地躲避，一时如丧家之犬，直到半年后事件完全平息才敢回家。当时有人把这一场群众自发的抄家运动完全记录了下来，是为《民抄董宦事实》。

事后，官府捉拿了若干参与此案的地痞流氓定罪，草草结案。但董其昌认定在百姓背后肯定还有士子的支持。因此围绕着到底是"民抄"还是"士抄"，又争论了半年多，最后经过苏州、常州、镇江三府会审，终于有了一个说法：当时直接参加烧抢董宅的人被处以死罪，松江府华亭县的儒生们也或者被革去功名，或者被处杖刑，而对董其昌本人，则认为是"奴辈不法，董宦未知也"。

可以说，由于董其昌的活动，在官府层面上看，董其昌是赢得了胜利。但是正所谓公道自在人心，事件发生后，就有人直接对董其昌提出了尖锐的批评："不意优游林下以书画鉴赏负盛名之董文敏家教如此，声名如此！"，"思白书画，可行双绝，而作恶如此，异特有玷风雅？"当然也有为之遮掩的，说他是为名所累。但毛祥麟在《墨余录》中特别指出："文敏居乡，既乖洽比之常，复鲜义方之训，且以莫须有事，种生衅端，人以是为名德累，我直谓其不德矣。"

《明史》对董其昌曾经有过一个评价，说他"性和易，通禅理，萧闲吐纳，终日无俗语。"或许这样的评价是对的，因为在士大夫、文人圈里，可能董其昌就是以这样的形象出现的。但在其道貌岸然的背后，同时却又有着卑鄙龌龊的一面。这两面同样是真实的，只是如果没有"民抄董宦"这样的事件，后人恐怕至今也不会了解到他的另一面，历史人物往往就是这么复杂的。

萨尔浒战役之谜

萨尔浒之战，是明朝与后金政权争夺辽东的关键性一战。明朝衰亡，后金兴起，皆源于此战。在这次战役中，后金军在作战指挥上运用集中兵力、各个击破的方针，五天之内连破三路明军，歼灭明军约6万人，缴获大量军用物资，成为战争史上集中兵力各个击破的一个出色战例。

后金是在明时由居住在我国长白山一带女真族建州部建立的政权。北宋末期女真完颜等部建立金朝后，由东北进入黄河流域，但女真族的另一些部落仍留在东北。明朝初年，这些居住在东北的部落逐渐形成了海西、建州、东海三大部。明神宗万历十一至十六年（1583—1588），建州女真的首领努尔哈赤统一建州各部，后又合并了海西与东海诸部。努尔哈赤在统一女真各部过程中，逐步确立起了八旗军制。这些八旗士兵在平时是平民百姓，但在战时便是冲锋陷阵的士兵。开始时只分黄、白、红、蓝四色旗帜，后增编了镶黄、镶白、镶红、镶蓝四旗，始为八旗。女真人分编于八旗，每旗可出兵7500人，共有兵力6万余人，主要是骑兵。此外，还修筑了赫图阿拉等城堡，补充马匹和战具，屯田积粮，积极备战。万历四十四年（1616），努尔哈赤建立后金，年号天命，自称大金国汗，以赫图阿拉为都城（故址位于今辽宁新宾西）。

后金政权初具规模后，努尔哈赤便在万历四十六年二月召集贝勒诸臣讨论方略，制定了攻打明军、兼并女真叶赫部、最后夺取辽东的战略方针。经过精心的准备和计划，努尔哈赤发动了对明廷的作战行动。他以"七大恨"誓师，历数明廷对女真的七大罪状，来激发女真人的愤慨之情。战争开始后，后金部队长驱直入，直至七月，明抚顺以东诸堡，大都为后金所占。

明朝政府在战场上接连失败，使得最高统治者十分恼怒，决定发动一场大规模的战争，企图将后金一举消灭。为达此目的，明朝政府对这次战争进行了精心的部署：以总兵杜松为主力，出抚顺关，从西面进攻，称西路军；以总兵马林合叶赫兵，出靖安堡攻其北，称北路军；以总兵李如柏经清河堡、鸦鹊关，从南面进攻，称南路军；总兵刘𫢻会合朝鲜兵，出宽甸攻其东，称东路军；另有机动部队保障后方交通，而辽东原巡抚杨镐为兵部左侍郎兼右佥都御史，坐镇沈阳指挥。四路明军分头并进，最后于三月初二会师赫图阿拉。

明廷对战争进行了精心的部署，可谓是志在必得

清太祖努尔哈赤

了。于是，这次战争的总指挥杨镐在出师前的二十四小时，派人向后金下战书。"师期已泄"，使努尔哈赤得以从容做出决策。他通过对双方情况的分析，较好地做到了知己知彼，百战不殆。他认为，后金的八旗兵力一共只有6万余人，与明军相比，明显处于劣势，但明军采取的是分进合击的策略，在四路军中只有西路对自己这一方威胁最大，其他三路因路途遥远，在短期内是绝不可能到达的，因此他做出了"凭尔几路来，我只一路去"的决策，决定先大破西路军，然后再根据战场的具体情形，寻觅破敌之法。于是，他将6万八旗兵集结于赫图阿拉附近，等候着西路军的到来。西路军由于冒进，孤军先行来到萨尔浒（今辽宁抚顺东浑河南岸），这便让后金军队候个正着。西路军遭到后金部队的袭击后，决定一分为二，一部在萨尔浒驻扎下来，另一部则由杜松率领攻打吉林崖，努尔哈赤针对西路军分兵情况，派遣大贝勒代善、四贝勒皇太极率两旗兵力增援吉林崖，截击杜松，使西路军两部不能互援，自己则亲率六旗兵力进攻驻扎在萨尔浒的西路军主力部队。经过激战，将西路军的主力部队击溃，接着又和代善合击进攻吉林崖的另一部。至此，明西路军全部被歼灭。

全歼西路军后，努尔哈赤将进攻矛头瞄准了明北路马林军。经过激战，马林部大败。击溃马林后，努尔哈赤立即南下，命人放出话来，说杜松的西路军已逼近赫图阿拉，要东路军速进，引诱其入伏。东路军不知是计，加速行进，当部队进入到阿不达里冈时，后金军突然袭击，东路军大败。杨镐坐镇沈阳，掌握着一支机动部队，但对四路明军，却未能做出任何策应。及至三路失败后，他才慌忙命令南路李如柏军撤兵。李如柏军在回师途中，为后金军袭击，李如柏以为是对方主力部队进攻，因而惊慌失措，部队也阵脚大乱，士兵们自相踩踏，死伤千余人。至此，萨尔浒之战落下了帷幕。

萨尔浒之战，后金军以劣势的兵力，在五天之内，连破三路明军，歼灭明军6万多人。战役以明军的失利、后金军的胜利而告终。通过此战，后金政权更加巩固，并自此夺取了辽东战场的主动权。而明军则因此次失利，陷入被动局面，战略上也随之发生了相应变化，由过去的盲目自大转变为软弱妥协、消极防守。此战创造了中国战争史上灵活用兵、以少胜多的著名战例，在中国战争史上具有重要的地位。

探究萨尔浒之战明军失利的原因，主要归纳起来有以下几点：第一，对后金军的作战能力估计不足，对对方的情况一无所知，盲目行动，准备不充分，最终并没有达成分进合击的战略目标，反而被对方各个击破；第二，主力部队孤军深入，得不到有效的补给，最终全军覆没，打乱了整个战局的部署，使得后来南北两路军陷入被动境地，同时也为后金军从容转移兵力，集中优势兵力各个歼灭创造了有利战机；第三，杨镐作为一个军事统帅，并没有统筹全局，对各路军做出策应。他远离前线，对战场的情形也不了解，因此并不能根据战局的变化来调整自己的策略，所以萨尔浒之战从一开始就注定要失败；第四，明军盲目自大，竟然在作战之初，便将自己的作战意图泄漏给对方，这也是失败的一个重要原因；第五，以努尔哈赤为首的后金军，指挥有方，在战略方针上更胜一筹，他们通过对彼此双方的情况进行分析，确定了集中优势兵力，逐个歼灭的策略，从而扭转了战场的不利形势，保证了战役的胜利。

东林党之谜

"风声、雨声、读书声，声声入耳；家事、国事、天下事，事事关心"，这是无锡东林书院的一副楹联，自晚明以来，它传遍了大江南北，更加因为东林党人的千古奇冤而具有极大的感召力。那么，作为中国历史上名声最大的士大夫政治集团，东林党到底是怎样一个团体呢？

东林党产生于明朝末年。万历二十二年（1594），吏部文选司郎中顾宪成被革职还乡，后来他在常州知府欧阳东凤、无锡知县林宰等人的资助下，修复宋代杨时讲学的东林书院，与高攀龙、钱一本、薛敷教、史孟麟、于孔兼及其弟允成等人，讲学其中。"讲习之余，往往讽议朝政，裁量人物"，其言论被称为清议。

朝士慕其风者，多遥相应和。这种政治性讲学活动，形成了广泛的社会影响，"三吴士绅"、在朝在野的各种政治代表人物、东南城市势力、某些地方实力派等，一时都聚集在以东林书院为中心的东林派周围，时人称之为东林党。

明神宗朱翊钧统治后期，宦官擅权，倒行逆施，政治日益腐化，社会矛盾激化。针对这一现象，东林党人提出反对矿监税使掠夺、减轻赋役负担、发展东南地区经济等主张，并且还主张开放言路、实行改良。这些针砭时政的意见，得到当时社会的广泛支持，同时也遭到宦官及各种依附势力的激烈反对。

天启年间，宦官魏忠贤专政，形成明朝势力最大的阉党集团，对东林党人实行血腥镇压。天启四年（1624），东林党人杨涟因劾魏忠贤二十四大罪被捕，与左光斗、黄尊素、周顺昌等人同被杀害。

魏忠贤又使人编《三朝要典》，借红丸、梃击、移宫三案为由，毁东林书院，打击东林党。东林著名人士魏大中、顾大章、高攀龙、周起元、缪昌斯等先后被迫害致死。魏忠贤还指使党羽制造《东林点将录》，将著名的东林党人分别加以《水浒》一百零八将绰号，企图将其一网打尽。明思宗朱由检即位后，魏忠贤自缢死，次年思宗下令毁《三朝要典》，对东林党人的迫害才告停止，但

青花凤穿莲纹三足炉

东林与阉党的斗争，一直延续到南明时期。

关于东林党人的节气，历来人们都是赞赏的，认为他们延续了自东汉以来中国古代士大夫的传统风范，不畏强暴，仗义执言，鞠躬尽瘁，为晚明王朝的苟延残喘做出了巨大的贡献。他们一方面反对大肆兼并土地，代表了中小地主的利益；另一方面，他们又坚决支持新兴市民阶层，反对矿税监，因此在一定程度上又反映了新兴市民阶层的要求。尤其是他们在同阉党进行斗争时表现出来的视死如归的凛然正气，为明王朝的历史增添了许多亮色。

不过也有人认为，东林党精神固然可嘉，但在实践中的表现却往往是软弱无能的，这直接导致了他们的灭顶之灾。比如在天启年间，东林党从在野的清流变为主持朝政的主要力量，首辅刘一景、叶向高，吏部尚书赵南星，礼部尚书孙慎行，兵部尚书熊廷弼等等，或是东林党人，或是东林党的支持者。可以说，当时明王朝的军事、政治、文化、监察和人事大权全部被其所掌握。《明史》记述当时的情况说："东林势盛，众正盈朝"，可谓盛极一时。按理说，这应该是他们治理国政的良机，然而由于举措失当，很快便丧失了优势地位，四年之中被魏忠贤赶尽杀绝。

这是为什么呢？一个最主要的原因就是因为其党见太深。谢国桢先生在其名著《明清之际党社运动考》一书中便认为，"我们最可惜的是东林的壁垒森严，党见太深，凡是不合东林之旨的人，都斥为异党。"因此他们掌权后一方面忙于起用大批在前朝失势的党人，另一方面又大肆地排斥异己，打击宿敌齐、楚、浙、宣昆党，凡是不合口味的都视为异类，加以排斥。即使在他们内部，也是以乡里为界，分裂成许多小组织互相争吵。在这种情况下即使有人想有所作为也很难成功。

另外还有人认为，东林党固然在政治上有所成就，但是在经济问题上却无所作为。与之相反的观点则是认为东林党十分重视社会经济发展，关心国计民生，其中最为突出的就是他们为改变南北经济发展不平衡，积极发展北方经济的活动。比如他们当政时推进了京东的水利建设，尤其是东林名臣左光斗曾经上疏要求开发水利资源，并且提出了一个发展北方经济的完整而周密的计划。

还有一种观点则认为，东林党人从根本上说还是皇权的忠诚卫士，是虔诚的封建伦理纲常的躬行者。在遭受陷害而被捕的时候，愚忠成为了他们的精神枷锁，虽然视死如归，但最终昭示的却是他们对皇权的绝对效忠。不敢越雷池半步使得他们只能够成为封建王朝的殉葬品。当然，也有人指出，对于历史人物不能苛求，而应该看到他们积极的一面。

最近，又有学者对东林党究竟能不能称之为"党"提出了质疑。相关学者认为，天启年间，魏忠贤的亲信编造所谓《东林党人榜》与《东林点将录》，用具体名单的形式把所谓"东林党"实体化、组织化，作为打击异己势力的一个借口，而后世学者不加考辨地接

明·青花缠枝葵花纹执壶

受了这样一个名称，流传至今。事实上东林书院的创办者顾宪成、高攀龙等人，虽然以前是官僚，但早已经被革职下野，东林书院主要以讲学为己任，与朝中党争并没有多少联系，而所谓"讲习之余，往往讽议朝政，裁量人物"也并不符合历史事实，因此，作为一个政治团体的东林党是不存在的。

关于东林党还有很多的争议，有些可能会一直存在下去。但是无论如何，他们身上所体现出来的铮铮傲骨永远值得我们景仰。

徐文长狂病之谜

徐文长是明朝著名画家，他在绘画上的最大成就，在于开创了水墨大写意花卉画法，其影响一直及于近现代，被徐悲鸿评为"近世画之祖"，非过誉之辞。但是他一生坎坷，特别是在45岁时开始发狂，并长期伴有幻听、幻觉等精神疾病。他在国画中的地位，绝不亚于梵高在西方绘画中的地位，由于两人境遇相似，因此他又被称为是"中国的梵高"。

徐文长（1521—1593） 名渭，以字行，别号青藤道士、天池山人等。浙江山阴（今绍兴）人。其父为举人，曾游宦西南各省，回籍后娶妾，生下文长。文长出生后百日，其父过世。10岁时其长兄经商失败，家计破产，生母被遣送出门。14岁时嫡母去世，只得依靠长兄过活。20岁中秀才，在乡里渐有文名。但从23岁至41岁，曾7次参加乡试，结果都名落孙山。徐文长21岁时娶潘氏，并入赘潘家。潘氏善体人意，岳父对徐文长也备极爱护。但好景不常，25岁时长兄因误食丹药而死，又因兴讼将祖产变卖一空。26岁时，潘氏复一病不起。28岁时，离开岳家，赁屋设馆，以教书糊口。或许为了排遣寂寞，文长从习画逐渐变成知名一方的画家。由于应试，文长多次来往山阴、杭州，其间结识了不少知名之士。在他37岁时，总督东南七省军务的胡宗宪闻知其名，聘为幕客，为其代理奏章、信札。

徐文长41岁时娶继室张氏。42岁时，奸相严嵩被明世宗（嘉靖帝）革职，胡宗宪被视为严党而解京问罪，一时幕客四散，文长只得返回山阴。43岁时，应礼部尚书李春芳聘赴京，旋求去。45岁时，胡宗宪死于狱中，文长深受刺激，最终导致精神失常，他写了《自为墓志铭》，曾用三寸长钉刺入耳窍。

翌年，文长又因怀疑妻子张氏不贞而杀妻入狱。幸经被同乡好友状元张元忭等营救，于53岁那年除夕获释。文长出狱后，曾往南京游历，并应故友之邀到过宣化、北京。61岁后，一直住在家乡山阴，以卖字鬻画度日，生活更为孤苦。73岁时，自作《畸谱》（年谱）一卷，在贫病中与世长辞。

综观徐文长的一生，总的来说是不幸的。尤其是中年以后，在巨大的压力下罹患精神分裂症更是令人唏嘘不已。他究竟是什么时候开始有精神疾患已不可考，不过在他26岁时原配潘氏因肺疾去世，文长在《亡妻潘墓志铭》中称赞自己的妻子："与渭言，必择而后发，恐渭猜，蹈所讳。"可见当时他已经多疑善谤。

在他40岁时写给胡宗宪的复信《奉答少保公书》中，直言自己精神违常，称"渭犬马贱生，夙有心疾，近者内外交攻，势益转剧。心自编量，理不久长，若欲疗之，又非药石所能遽去。"而且还在信中详细描述了自己的病况："缘渭前疾稍增，夜中惊悸自语，心系隐痛之外，加以四肢掌热，气常太息。每因解闷，少少饮酒，即口吻发渴，一饮汤水，辄五六碗，吐痰，头作痛，尽一两日乃已。志虑荒塞，兼以健忘，至于发毛日益凋瘁。形壳如故，精神日离。"

徐文长在信中所说的夜中惊悸自语（睡眠不稳，恶梦呓语）、心系隐痛（肋间神经痛）、四肢掌热（交感神经兴奋）、口吻发渴（口干）、头作痛、志虑荒塞（注意力不集中）、健忘、发毛日益凋敝（毛发变少变干）、脑风（头痛）等症状，正是神经衰弱的症状。说明在40岁时，精神疾患已经折磨他很久很久了。41岁，文长第七次应试失利，第二年，胡宗宪被执，这使得他的精神疾患更加严重。45岁时最终精神失常，一般称为"发狂"。

不过，从"发狂"时文长尚能撰写墓志铭，锥耳后尚能自行延医治疗这一点上来看，他的人格并没有崩溃，所以他的"发狂"还并不等于精神分裂。有学者指出，这可能是一种躁郁症，由躁症和郁症两种症状构成，躁症通常在先，发作急速，连续数日乃至数月。这时患者精神亢奋，狂躁不安。躁症发生过后，迟早会发生郁症，这时患者精神郁闷，悲观消极。躁症和郁症间的间歇期，通常大致平安无事。文长大概于45岁那年夏季发作躁症。

徐文长在精神反常之前，常有"祟"出现。他所谓的"祟"，可能是指幻觉。当时所出现的幻觉现在已经无从查考，但从他以长钉刺入耳窍一事来看，45岁那次发病可能伴随幻听。徐文长可能是在精神几近崩溃的情形下，做出这种"与汝偕亡"的狂乱动作的。这和梵高因幻听而割下右耳有相似之处。

事实上，徐文长的精神疾患应与其童年经历及其成年后的际遇有关。文长出生后百日丧父，10岁时生母见逐。不正常的童年生活，不可能不影响他日后的人格发展。自23岁起，又屡挫于场屋，之后，26岁时丧妻。正是所有这些因素的综合作用，最终导致了他的精神失常。

徐文长45岁时"发狂"，46岁时杀妻，坐牢7年，于53岁时获释。从出狱到去世的19年间，是他创作最旺盛的时期。徐文长的水墨大写意花卉无论浓淡疏密，无不风驰电掣，具有强烈的发泄意味，看不出一丝安宁。骚动的笔触，缘自狂乱的心灵。研究徐文长的画，不能不研究他的精神状态。从精神分析的角度出发，或许更能掌握文长大写意花卉的内涵。

徐霞客生卒年与墓地之谜

　　徐霞客是我国古代杰出的地理学家，他一生壮游祖国名山大川，被称为世间"奇男子"，在中国惟"亘古一人"而已。但是人们对他的研究却起步较晚，直到上世纪20年代丁文江先生才开始真正系统地对他进行研究。因此，直到现在，关于徐霞客的生平还有很多不明确的地方，其生卒年和墓地便是未解的谜之一。

　　徐霞客，名弘祖，字振之，别号霞客，是我国明朝杰出的地理学家、旅行探险家、游记文学家和伟大的爱国主义者，江苏江阴人。他一生不慕功名，不求富贵，从22岁开始，34年间以"老布衣"身份步行10万余里，遍游祖国（相当于现今19个省市自治区），为祖国地理地质考察和游记文学事业奉献了一生。他在旅行沿途遇到种种人们难以想像的危境困境，却始终"鼓勇而前"，并以惊人的毅力，随时随地坚持著述。他的著作包括日记、专论、诗词、书信，由后人汇编为《徐霞客游记》，被誉为"世间真文字、大文字、奇文字"。《游记》约60多万字，是一部涉及多学科的珍贵的科学文献，也是别具一格的游记文学巨著。

　　关于徐霞客的生卒年，过去一般沿用徐霞客的挚友陈函辉在霞客逝世后所作《徐霞客墓志铭》中的观点，即认为："霞客生于万历丙戌（1586），卒于崇祯辛巳（1641）"。但是早已经有人指出这一记载失之笼统，没有确切的月日时间，而且在历法换算时也容易出现错误。

　　上世纪80年代，人们发现了经过他人整理的《徐霞客游记》重抄本，其中保留了徐霞客对自己生日的自述，成为了人们订正他生卒年的最佳材料。根据这本游记的记载，崇祯十年时，徐霞客正在广西游历，当年的十一月十七日有这样的记载："是日为余生辰，乃所遇旧州夫既恶劣，而晚抵铺司复然，何触处皆穷也。"霞客的一生碰到过很多困难，比这大得多的也不少，但由于这天是他的生日，所以感触特别强烈。因此把农历的十一月十七日这一天认定为霞客的生日是有根据的，同时跟其他的记载也是相对应的。如丁文江作《徐霞客年谱》，说他崇祯九年"时年五十一岁"，再如钱谦益在《徐霞客传》中说徐霞客崇祯十四年中历正月逝世，"死时年五十有六。"

　　也就是说，徐霞客生于万历十四年十一月十七日，换算成公元纪年，则徐霞客的具体出生日期应该是公元1587年的1月5日。以前由于不知道他的具体出生月日，因此长期以来误将其生年定为1586年。

至于他的卒年，根据发现于江阴的《徐氏宗谱》，上面记载徐霞客的卒年是崇祯庚辰正月二十七日。但这一记载却与其他人的相矛盾。因为陈函辉的《徐霞客墓志铭》与钱谦益的《徐霞客传》都说他是卒于崇祯辛巳，而另外一个徐霞客的朋友吴国华在《圹志铭》当中也说徐霞客"西游归，在崇祯庚辰之六月，而请余圹志，在归之十月。"一般都认为家谱记载有误，而以后者为准，即徐霞客应该是卒于崇祯十四年正月二十七日，换算成公历为1641年3月8日。

关于徐霞客最初的坟墓在什么地方，也曾经有人进行过研究。无疑，江苏是徐霞客出生、成长和病死的地方，他的一生除出外壮游外，其余的时间都一直生活在江阴南旸岐，今天还有徐霞客的后裔居住在那里。当地有一座晴山堂，据说就是徐霞客的故居。在晴山堂后院，有一座坟墓，就是徐霞客墓。墓坐西朝东，竖有清初花岗石原碑，碑高1.20米，宽40厘米，碑顶横书阴刻"十七世"三字，中间直书阳文"明高士霞客徐公之墓"。但事实上这只是一座移葬墓。那么，它又是从哪里迁来的呢？

在江阴南部有一条短小的河流叫做璜溪，徐霞客故里南旸岐则位于璜溪的中游南岸，但他最初的坟墓却并非是在南旸岐。上世纪30年代，文人王维屏在《徐霞客之故乡》中曾提及霞客的墓地："出南旸岐，北行过前马桥，复向东北行，里许至沈村……村后数百步，黄土隆起者，霞客之坟墓也。冢高五尺，墓前有碑，倾斜如醉翁，题曰十七世高士霞客徐公之墓。"而陈函辉在《徐霞客墓志铭》当中也说"马湾有鬣，德心是崇"。可见，璜溪北岸的沈村（马湾）是霞客最初的墓地所在。

不过，岁月沧桑，经过了几百年的风雨，到上世纪中叶的时候，这个坟墓逐渐荒芜了。上世纪60年代，侯仁之先生在《访徐霞客故乡》这篇文章中曾经对徐霞客的墓地进行过描述："1958年大兴水利的时候，靠近墓地新开了一条河道……坟墓是最近还经过了培筑的，虽然仅仅是一抔黄土，然而很丰满，也很整齐。和坟墓看来很不相称的是东面立了一块小石碑……字迹已经有些漫漶了，或许是清初时候立的。"到了"文革"期间，全国兴起了"破四旧"的运动，徐霞客坟墓被夷为平地，上面居然盖起了猪圈。直到1979年，拨乱反正后，徐霞客的坟墓才从马湾迁建至今天的南旸岐晴山堂，这就是我们现在看到的仿明式迁建墓。

明光宗"红丸案"之谜

明光宗朱常洛的皇位得来着实很不容易，他从出生后，始终处于战战兢兢、如履薄冰的境遇之中，在他正式登基之前，曾多次发生意图谋害他的事情，"妖书案"和"梃击案"就是其中较突出的。然而，命运对朱常洛又开了个不大不小的玩笑：继位仅仅四天，就忽然病倒了，并且一病不起，他当上皇帝仅仅一个月后，因为吃了鸿胪寺官员所进贡的红丸而一命呜呼。这就是有名的"明末三案"之一"红丸案"。明光宗为什么会忽然病倒？红丸是什么样的药呢？"红丸案"是不是有什么不可告人的内幕呢？

对于光宗在登极后即病倒的原因，《明史》中有较详细的记载。据说当时京城里都盛传，说是前朝万历的宠妃郑贵妃与光宗宠爱的李选侍相勾结，向皇帝进献了八个美女，致使皇帝过度纵欲，然后郑贵妃又暗中指使以前的贴身太监崔文升给皇上服下让人腹泻的大黄类泻药，结果弄得光宗一天之内腹泻三四十次，躺在床上不能动弹，病倒了，并埋下了日后病死的祸根。

光宗朱常洛在未登基之前长期担惊受吓，使得他在摆脱威胁之后自然开始放纵自己的欲望，尽情享乐。而按照惯例，这位年纪已经39岁的新皇帝除了自己东宫原有的妃子外，还可以占有父亲留下的妃子，并新立妃子。因此，朱常洛在刚继位几天内，就放纵地贪恋女色，虽然史书中没有明确记载具体情形，但从有关的史书记载中却能反映出，光宗的病倒确实与纵欲相关。

再说郑贵妃，她虽然未能如愿让自己的儿子朱常洵当上太子，但仍然费尽心思想维持自己的地位，"明末三案"都与她有纠葛就说明了这一点。在朱常洛继位之前，郑贵妃就已经发现长期处于被排挤处境中的太子有着贪色纵欲之心，便想用美人计来实现自己的目的。于是她唆使自己的贴身太监崔文升去侍奉光宗，并献八名美姬。这一招确实收到了效果，光宗很快就忘记了这是一个想害自己的女人，还十分感激郑贵妃，并让礼部议封其为皇太后。这时候，又掺和进了另外一个女人——李选侍，"选侍"是晚明时代的特产，明朝后期称入选宫内的侍女为选侍。李选侍很受朱常洛的宠爱，并为他生了个儿子，她因此梦想被封为皇后。为了达到各自的目的，郑贵妃与李选侍勾结在了一起。

两人勾结起来意图左右朱常洛的野心很快就被朝中的大臣们注意到了，因此光宗一病倒，很快便

明光宗朱常洛

玉碗　明代食器。北京市定陵万历皇帝墓出土。由玉碗、金碗盖和金托盘组成。通高15厘米，金盖高8.5厘米，重184克。金托盘直径20.3厘米，重325克。现藏北京市定陵博物馆。

有人上奏劝谏皇帝。兵科给事中杨涟首先进奏折说，崔文升给皇上乱用药罪该万死；而对于郑贵妃想当太后，皇上自己既有嫡母，又有生母，如果封郑贵妃为太后，那么如何安置嫡母和生母呢？结果，三天后，光宗就召集大臣宣布驱逐崔文升，并停止封太后。

但是，官员们对郑贵妃等人的打击并不能抑制朱常洛自身的纵欲之心。据《明史·周嘉谟传》记载，八月二十六日那天，吏部尚书周嘉谟劝皇帝不要过度纵欲，皇帝注视了他很长一会儿，才让长子向宫外宣旨说那些都是传言不可相信，这也可见皇帝纵欲之事是众人皆知的事情，光宗本人还试图掩盖有关自己的传闻以维护帝王尊严。可是纵欲的严重后果毕竟已经显露出来了，这之后光宗的精神状态变得越来越差。八月二十九日，病情越来越重，朱常洛开始召集大臣考虑自己死后寝宫的建设之事，而大臣们则要求皇上尽快定下太子的名位，以免来不及。也就是在这一天，有个鸿胪寺官员叫李可灼的向皇上进了一种红色的药丸。这个红药丸，据李可灼的说法，是得到道士传授的"仙方"炼制而成的，吃下去就可以治愈皇帝的病。在场的大臣们心存疑问，但皇帝本人却要吃。实际上李可灼并不是医生，而是负责朝廷庆贺礼仪的官员，相当于今天的司仪。李可灼上午向皇上进了一粒，下午又进了一粒。两粒红药丸吃过后，据说当时皇帝确实感觉好些了，但到了夜里情况如何，史书没有明确记载，只是到了九月初一的早上，宫中就突然传出皇上驾崩的消息。一个不到40岁的中年人突然死去，又是一国之君，这就很自然在宫廷内外引起了轩然大波。

人们首先怀疑的就是这个红色的药丸，因为皇上才吃过它就突然死去了，确实让人怀疑。《明史》中只说这是道士提供的"仙方"，但语之未详。有学者提出，红丸跟汉代的春恤胶属同类的药，主要功能是刺激男性的性欲，想想皇帝本来就因为纵欲而致病，再服这种药加以刺激，更是火上浇油，结果过量，就导致了死亡。

不管这种红丸是什么药，吃死了皇帝，这可是不得了的事情，因此红丸一案的主要后继情节就是追查害死皇上的凶手，不想却演变成了朝廷大臣之间争夺权力的斗争，党争与私仇夹杂其中，牵连受死的人很多。

首先受到怀疑的就是崔文升和进红丸的李可灼。杨涟认为在此之前宫廷内外传言说皇上纵欲，实际上是崔文升用来掩盖他用药害死光宗的借口，皇帝就是被崔文升下药毒死的。杨涟的说法得到了当时的御史左光斗等人的支持。当时不少正直的大臣都认同这一说法，认为崔文升的罪比李可灼还要大，因为他懂得医药，是有意用药加害光宗，进而又指出幕后主使人是郑贵妃，要求严惩崔文升等人。

但是，对崔文升的指控很不顺利，一直到明熹宗天启二年，中间几经反复。原因是，除了杨涟、左光斗等人，朝中大臣大多从一开始就把矛头指向了当时担任内阁首辅的大学士方从哲，认为是他同意李可灼给皇帝用药的，因此最有罪的应该是方从哲。这实际上掺杂了很浓重的权力倾轧，这样，大臣们攻击的重点就不在李、崔二人，反而是方从哲。

之所以会这样，和方从哲本人的处置不当也有关。最初，对李可灼进红丸导致皇帝死亡应该被治死罪，大多数大臣都同意，但是方从哲却不同意，反而下令让李可灼以疾病引退，并送给他很多钱财。这样，其他敌对的官员就抓住了把柄，纷纷引经据典，认为方从哲同意李可灼进药，虽无害君之心，却有弑君之实，要求首先处置方从哲，以泄神人之愤。一开始，熹宗还为他开脱，这应该说不无道理。有学者从与方从哲一同主政的另一大臣韩爌（kuàng）的叙述中发现，服不服红丸，都是光宗一人决定的，确实与方从哲无关。但是，在晚明时期，朝廷之中朋党互相倾轧非常厉害。既然有这样一个很好的攻击机会，方从哲的政敌自然不会放过，于是形成了一个攻击方从哲的群体。明末著名的东林党人也支持这一立场，名士高攀龙就力主惩罚方从哲，并称其为"贼臣"。结果，方从哲想逃脱罪责，慌忙上书请求退休，可说是被从首辅的位子上拉下来的。即便这样，声讨他、要求严办他的书文仍然很多，方从哲只好一面竭力为自己辩护，一面自请削职为民，远离中原。

而真正的涉案人李可灼被发配戍边贵州，崔文升被贬到南京，都是很轻的处罚。特别是崔文升，至魏忠贤掌权后，因为受其赏识，又被重用提拔为总督兼管河道。只是在大臣们的连连抨击下，明熹宗才最终判决崔文升被杖一百，然后发往明孝陵做杂役守卫。

从红丸一案的发生过程和处理结果来看，放过了主犯郑贵妃及崔、李二人不去重判，却抓住方从哲不放，借此争权夺利，显然是不恰当的，这也正是明末政治腐败的表现。红丸一案的后果是，不久之后就导致了宦官魏忠贤集团的操控朝政。天启年间，魏忠贤当权，又为"红丸案"翻案。结果，当初声讨方从哲的一些官员被革除了官职，流放边疆，而抨击崔文升、方从哲的东林党人也受了追罚，高攀龙被迫投池而死。到了崇祯年间，惩办了魏忠贤，又将此案翻了回来。再后来崇祯死后，南明王朝又一次以此为题材挑起党争，最终明朝廷在一片内斗之中彻底走向末途。小小的一粒红丸，却引出这么多的波折，确实是当时人难以预料的。

乾清宫"移宫案"之谜

泰昌元年(1620)九月初一，年仅16岁的皇长子朱由校继承了因服食红丸而去世的明光宗的帝位，但登基不久就发生了著名的"移宫案"，就是有人占据了应该由皇帝居住的乾清宫不愿意搬出来。官员们为了维护皇家的体制，就发动起来逼其迁出以及由此生出的一系列事端。皇帝的寝宫也有人敢占据吗？他们的目的又是什么呢？

　　"移宫案"紧承"红丸案"，是由前案中明光宗朱常洛的爱妃李选侍引起的，起因也在光宗朱常洛身上。原来，光宗的原配夫人郭氏在他还是太子的时候就病死了，光宗做了皇帝以后，一直没有册立皇后，身边只有才人、选侍、淑女侍候。其中有两名选侍，都姓李，一个住在东面，一个住在西面，故被分别称作东李、西李。东李老实，不得宠；西李就是此案的主角，长得漂亮，受宠于朱常洛。朱常洛将失去生母的长子朱由校交由西李抚养，五子朱由检则由东李抚养，西李并跟着朱常洛一起入住乾清宫。关于李选侍，史书对其记载不详，有可能是来自民间的秀女，也有人认为她就是万历宠妃郑贵妃为了讨好光宗而送给他享乐的八个美人之一。

　　万历四十八年，王皇后过世，而万历本人也生起了病，郑贵妃就以照顾皇帝为理由搬进了乾清宫中，此后一直到万历去世，她也没有搬出来。乾清宫是代表最高皇权的地方，具有象征意义。御史左光斗就说，乾清宫只有皇帝才能居住，即使后宫之中有人可以和皇帝一起入住，也只能是皇后。至于其他的妃子只能短暂接受皇帝的宠幸，不能长久居住，这不仅是为了避嫌，而且是为了辨别尊卑高下。郑贵妃是想借此要挟新皇帝光宗，捞取一些利益。因为，她在万历在时没能当上皇后，现在就想能当上皇太后。于是，郑贵妃就拉上李选侍一起商量，两人互相支持，一个要当皇太后，一个要当皇后。郑贵妃以不搬出乾清宫要挟皇帝答应她们的条件。可是，新皇帝迟迟不能搬进乾清宫，是朝廷官员们所不能容忍的事情，于是很快，兵科给事中杨涟、御史左光斗，还有吏部尚书周嘉谟等人就站出来直接向郑贵妃的家人施加压力，找来了郑贵妃的侄子，通过他去警告郑贵妃尽快搬出，否则后果自负。郑贵妃吓坏了，只好灰溜溜地搬回了自己住的慈宁宫。这样，即位了几天的光宗朱常洛才得以住进乾清宫。这次事件虽然闹出来的动静不大，但可以看作是后来"移宫案"的前奏。

明熹宗朱由校

光宗一死，李选侍就觊觎起皇太后的位置来。她仗着自己曾抚育过小皇帝，就密谋和宦官李进忠（即魏忠贤）互相勾结，逼朱由校答应封她为太后，并企图依前次移宫事件之例，利用朱由校年幼，挟持他长居皇帝住的乾清宫，以独揽大权。于是，移宫一案就正式开始了。由于光宗死得很突然，身边没有大臣看守，李选侍就首先将朱由校扣留在自己身边，并命人看守宫门，以免有人将小皇帝接走，同时就等待着来给光宗哭灵的百官，准备讨价还价，索要好处。而这时候，百官们已经得到了皇帝驾崩的消息，陆续赶来，周嘉谟、左光斗、杨涟等人在路上就开始讨论如何辅助新皇帝的事情，由于朱由校尚未正式登基，并且生母、嫡母都死了，大家就讨论由谁来扶持新皇帝。官员们虽有不同的看法，但多数都同意一点，就是首先要摆脱李选侍对朱由校的控制。

杨涟提出，当务之急是赶紧将朱由校从李选侍身边接出来。结果到了乾清宫门口，官员们都被李选侍安排的太监挡住了，还是杨涟比较干练，他将太监们呵斥下去，大家一拥而入，去给过世的光宗哭灵。哭完之后一看，没有发现朱由校。这时候侍候过光宗的太监王安就将李选侍藏起朱由校的事情给说出来，并由他哄劝李选侍，说只有得到大臣们的拥立才能当皇帝，所以朱由校必须要见百官，将其带了出来。之后官员们按照既定的计划，高呼万岁，然后匆匆将朱由校扶上轿子带出乾清宫，而李选侍这时候明白过来，赶紧追出，可是已经来不及了。关于这一过程，也有的说是太监王安获悉李选侍的阴谋后，向宫外的百官传出消息，然后才有下面的事情。总之，朱由校被护卫到慈庆宫暂住，并在几天之后被正式册封为太子，并着手准备登基的事情。

与此同时，杨涟等官员对李选侍仍居住在乾清宫也提出了看法，要求尽快将她赶出去，这样新皇帝继位才算是完全名实相符。他们用"武氏之祸"来比喻李选侍，说她想做武则天。而李选侍也很不甘心，仍想将朱由校接回自己身边，并和魏忠贤商量，想方设法要挽回败局。这样你来我往，拖了好几天。直到新皇帝登基前一天，百官们再也忍不下去了，纷纷冲到乾清宫门外大声喧叫，要李选侍快离开。在大臣们的严词逼迫下，加之有宫中太监王安等人的支持，李选侍看招架不住了，只好匆匆决定移宫，搬了出去。到了九月初六，朱由校正式即帝位，搬进了乾清宫。由于李选侍移宫时十分仓促，还发生了宫内人员趁机盗窃宫中物品的事情，并由此牵扯出一些其他案件，这又是其余波了。

"明末三案"是万历末年以后最高统治集团内部争夺权力的激烈斗争的反映，反反复复，一直持续到明末。天启年间，因梃击、红丸、移宫三案的代表人物王之寀、孙慎行、邹元标、杨涟、左光斗等均系东林党人，而在魏忠贤专权后，与东林党对立的齐、楚、浙诸党官僚纷纷依附魏忠贤，结成阉党，并怂恿他汇集三案的材料，撰成了《三朝要典》，全面翻案，将涉案的东林党人纷纷打倒，三案成了魏忠贤杀人的口实。而到了明末崇祯年间，魏忠贤被惩办之后，三案又再次翻了回来。

明光宗庆陵之谜

明光宗的庆陵建在一个叫"景泰洼"的地方，相传这是块吉地。光宗当皇帝不满一月就死了，明朝政府一月内有两场丧礼要办。有人认为由于时间紧迫，光宗的庆陵其实是利用了当年景帝建造的陵墓。有人不同意，认为景帝的寿陵早已被英宗下令拆毁，庆陵是花了上百万两银子重新建造的。

明神宗晚年，国运日蹙，争端纷扰。神宗长子朱常洛是宫人王氏所生，而神宗特别宠爱的郑贵妃生下了皇子朱常洵。立谁为太子，神宗与大臣之间经历了一场漫长的"国本之争"，最后神宗带着万分的不情愿与异常的愤怒立19岁的朱常洛为太子，立自己最喜欢的郑贵妃之子朱常洵为福王。

万历四十八年（1620）七月，神宗崩。八月，太子即位，是为光宗。光宗在东宫长期以来无所事事，耽于淫乐，即位后更不注意身体，没过几天就阴虚火旺，卧病不起。经内医崔文升用药，病情反而加重。辅臣方从哲推荐鸿胪寺丞李可灼有自制的红丸仙药，于是光宗召见李可灼，服用了他进的红丸药，起初病情略有好转，光宗还直夸李可灼是个忠臣。睡了一觉，再服一粒，没过几个时辰光宗就死了。这时他即位仅29天，成了明朝历史上在位时间最短的皇帝。

短短的一个月内，接连死了两个皇帝，朝廷内外乱成一团，为光宗修陵入葬也就无法顾及了。有人认为，因为时间紧张，连陵地也来不及选好，就只能在当初景泰帝朱祁钰预建的陵地"景泰洼"把朱常洛埋了进去，上面再加修些建筑。《钦定日下旧闻考》引《芹城小志》："光宗贞皇帝陵曰庆陵，在裕陵西南，俗传为景泰洼是也。先是景泰中建为寿宫，英宗复辟，景皇帝葬西山之麓，陵基遂虚。光宗上宾既速，仓促不能择地，乃用此为陵。"光宗死得太突然了，谁有时间来考虑这个问题，只能将就着办丧事了。这种观点在今天十分流行。

问题是景泰洼怎么有个空陵？原来土木之变后，英宗被俘，景帝上台。景泰七年（1456）二月二十一日，皇后杭氏病死，四天后景帝就命太监曹吉祥、保定侯梁瑶、工部右侍郎赵荣督工，在天寿山选择地方兴建陵墓，次月在十三陵的黄寺岭下正式开工。六月十七日，由于玄宫先修成，就将杭氏葬于陵内。地面建筑还没有全部修成，英宗就复辟了，景帝被废，他修的陵自己就无法用上了。一个月后景帝死了，英宗以王礼把他和杭氏葬在京西的玉泉山。到成化十一年七月，明宪宗说他叔父"戡难保邦，奠安宗社"有功，又追称为景皇帝，庙号代宗，修缮他生前所建陵墓，称景泰陵，但最终并没有将其灵柩迁移到十三陵。

　　按照上述讲法，这个景帝的寿陵本已葬过杭氏，后来英宗迁走了杭氏，经宪宗修葺，至光宗死后，略加修筑，仍是可用。因此光宗的庆陵实际上就是当年景帝预修的陵墓。

　　另一种意见认为事实根本不是这样。庆陵所在的地名叫景泰洼，是因为这里曾修建过景帝的寿陵，并不是说庆陵就是景帝当年的陵墓。景帝当年修的陵墓其实早被英宗捣毁了，被毁的原因，是由襄王朱瞻墡谒陵后上的一道奏章引起的。襄王是英宗的亲叔父，英宗在政坛上起落时，襄王一直对他十分忠心。英宗复辟后，于天顺元年(1457)三月召襄王入京。襄王到京后，奉命前往天寿山祭谒长、献、景三陵。明代外地藩王是不准入京觐见的，英宗格外施恩让襄王回京祭拜祖宗，襄王当然心里明白。为了要报之以桃，回京后就上奏章说："郕王葬杭氏，明楼高耸，超出规定范围，楼高几乎与长陵、献陵相等。更何况景陵明楼还没有建起来，已经超越礼仪如此，我不胜愤恨。看看皇太后的制谕，把他像汉代昌邑王一样废弃了。我看了《汉书》中，霍光因为昭帝没有儿子，就立昌邑王以继承汉代皇位，这其实不是篡位夺权。后来因为昌邑王太荒淫，霍光就数落其罪后将他废了，恢复他原来的爵位。郕王祁钰承皇上寄托给他的大权，却乘危篡权，改易太子，背恩乱伦，荒淫无度，差一点对国家造成危害，他不是和昌邑王一样的人吗？幸好碰上皇帝豁达大度，宽仁厚德，友爱之笃，待之如初，又保存了他所葬的杭氏坟墓，使僭逆之迹没有废弃，虽说是皇上的圣德可以容纳这种事情，但礼法律令是难以宽恕的。臣希望能夷平坟墓的围墙，毁弃明楼寝宫，使得礼法昭明，天下幸甚。"

　　英宗看了奏章，差点高兴得跳起来。五月十一日，他命工部尚书赵荣率领长、献、景三陵守卫官军5000余人，前去拆毁景帝寿陵，安放杭氏棺材的玄宫肯定被毁，但杭氏到底是改葬玉泉山还是弃尸于外，后人就不得而知了。明中叶以后，这座陵园一片荒凉，野草丛生，瓦砾遍地，满目疮痍。有个叫边贡的人到过这里，写了一首《寿宫故址》，诗云："玉体今何在？遗墟夕霭凝。宝衣销夜磷，碧瓦蔓沟藤。成戾崩年谥，恭仁葬后称。千秋同一毁，不独汉唐陵。"一个还没有完全造好的帝陵，就被人为地拆毁了。

　　因此，很多人认为，景帝陵既然被毁了，光宗哪里还有现存的玄宫可以利用。人们指出，庆陵的位置虽系原景帝陵的故址，但却是经过慎重选择，并经过反复斟酌后才确定陵寝建筑格局的。根据《明熹宗实录》，光宗于泰昌元年九月初一在乾清宫病死。十月十日，熹宗派遣官员前往天寿山卜选陵地。经反复察看，官员们上奏熹宗"皇山二岭最吉"。这个地方"至贵至尊"，连潭峪岭、祥子岭都不能相比，并且附上了一份详细的地图。熹宗看了地图，觉

青花花卉纹出戟觚

得很满意，就马上命令挑选一个好日子动工。天启元年(1621)正月十九日，庆陵破土动工。在往下开挖的过程中，发现了坚硬的石头。御史傅宗龙认为不能再用这个墓穴，于是礼部集众臣前来察看，大家都你望望我，我望望你，无法决定到底该怎么办。有人说还是将地穴往右移一点，也有说干脆前移一点。三月二十六日，精通风水的官员前来仔细察看后，决定将墓穴前移，于是再次下挖。从这些记载中可以看到，陵墓全部是新建的。

庆陵建造的规制全部仿照昭陵。有个大学士叫刘一燝，他在视察庆陵建筑工地后曾说："新陵营造规制，原题比照昭陵。现今我相度形势，似又该参酌献陵。"模仿献陵的样子，就是将陵园中间的那座小山保存下来，否则会伤害龙脉，小山前有享殿，小山后是明楼、宝城。

庆陵自天启元年(1621)三月开工营建，四个月后，至七月二十九日玄宫建成，九月四日将光宗及孝元、孝和两皇后的棺材放了进去。与以往一些陵墓的玄宫相比，过去玄宫建筑是砖石并用，而庆陵全部是用石材，各殿之间重门相隔，工程质量十分精细。十三陵所用的砖，大都是50来斤一块的大城砖，自嘉靖后大都来自山东的临清，工部派有专人在那里监造。此时大概光宗死得太突然，工部来不及制造，只能用京郊的石料了。根据史料记载，从开始营建到玄宫落成，共用去白银150万两。如果有现成的玄宫，只要维修一下就可以了，用不掉这么多钱的。

庆陵的特色有二。一是庆陵是一帝三后的规制。由于与神宗下葬几乎同时，庆陵玄宫在建造时仿定陵，也有安放帝后棺椁的棺床。刚设计时，有关人员按一帝两后设计棺床的大小，因为孝元、孝和两皇后已死，孝元早已葬在天寿山泰陵后长岭之前有五年了，孝和死了一年多，还未入葬，所以棺床可以容纳三人的棺椁。但当时具体负责的官员在设计尺寸之外，又加了若干尺，这年光宗入葬，熹宗又将两位皇后迁葬，玄宫内的样子基本与定陵一致。崇祯皇帝是光宗的儿子，其母是刘氏孝纯太后，生崇祯时为淑女。后因光宗失意，淑女被打入冷宫，郁闷之下得病死了。光宗害怕被神宗知道，命人密葬西金山。光宗即位后，追封刘氏为贤妃。崇祯即位后，上尊刘氏为孝纯皇太后，并决定迁葬庆陵。天启七年十二月，孝纯棺椁迁葬至庆陵，棺床恰好可以容纳一帝三后的棺椁。当时，护送灵柩的官员亲自进入玄宫，对几年前建造棺床的官员十分钦佩，直感叹他们有远见。

庆陵还有另一个特色，那就是有独特的排水系统。由于陵墓地宫泉水旺盛，故沿宝城一周设有石砌的水道。其他陵园一般均用明沟排水的方法从陵前绕道而排出，而庆陵是修建了地下排水涵洞，其上可行车。宝城两侧的水流从左右宫墙下的地下涵洞流入，在明楼前的地下汇为一流向前排出，最后注入陵前的河流。至今庆陵地面建筑残存的遗迹惟水道还算保存完好。

庆陵到底是利用了现成的玄宫，还是在景泰洼这个地方重新建造，将来地宫打开之日或许可能找到答案。

魏忠贤横行之谜

明朝至熹宗时期，宦官擅权达到了登峰造极的地步，出了一个人称"九千岁"的大太监魏忠贤。一个宦官竟称九千岁，这在宦官专权屡见不鲜的明朝是绝无仅有的。魏忠贤为什么会拥有如此大的权力，登上如此高的地位？个中缘由，至今说法不一。

魏忠贤，原名魏进忠，河间府肃宁（今河北肃宁县）人，曾结过婚，有妻子并生下一女。魏忠贤是一个目不识丁的市井无赖，整日沉溺于赌场，但赌运不佳，家产尽输，被债主逼得走投无路，一急之下净身，改姓为李，入宫当了太监。开始时他只是在宫中干些杂役，后来巴结上大太监王安手下的魏朝，由其引荐，当上了皇长孙朱由校生母王才人的办膳太监，因此，魏忠贤又有机会接近未来的皇上。这对他来说是一个很好的转机，他心想有朝一日皇长孙朱由校继位当上皇帝，那他也就有飞黄腾达之日了。于是他抓住小孩喜好玩耍的特点，挖空心思、变尽花样哄皇长孙开心。这样期盼的日子并没有让李进忠等很久。万历四十八年（1620）七月二十一日，明神宗朱翊钧驾崩，光宗即位。可是，光宗朱常洛只当了一个月皇帝就病故，年仅16岁的朱由校被东林党人推上皇位，也就是明熹宗。

随着熹宗登基，李进忠一时也成为炙手可热的当权人物，不久当上了手握实权的司礼监秉笔太监，负责掌理内外奏章、批朱等事宜。此后，李进忠又恢复"魏"姓，熹宗御赐名"忠贤"，魏忠贤从此开始了他的专权生涯。

有学者认为，不识字且无靠山的魏忠贤之所以能如此平步青云，这么快就当上司礼监秉笔太监，与一个女人有很大关系，她就是客氏。

客氏是熹宗朱由校的乳母，心灵嘴巧，且奶汁稠厚，甚得由校生母王氏的信任。王氏不久被迫害而死，朱由校从小孤苦无依，客氏出自女性的本能，对朱由校十分疼爱，两人日久生情，如同母子。朱由校一登上皇位，便封客氏为"奉圣夫人"，对其宠惠有加。客氏仗着皇帝为其撑腰，威权日盛，趾高气扬，不可一世。魏忠贤攀权附贵，千方百计地与客氏勾搭，与其结成"对食"关系，形如夫妻。

也有人认为，魏忠贤之所以能够专权乱政到肆无忌惮的地步，与熹宗的荒庸无能和不理政事颇有关系。本来就有点弱智的熹宗有一个嗜好，十分酷爱木匠活，喜欢自己亲手

魏忠贤

做一些小器具，每天从早到晚，忙个不停。魏忠贤每次趁他忙得正起劲的时候去奏事，这时的熹宗哪有心思去管理国家大事，不耐烦地说："我已经知道了，你们好好干吧。"魏忠贤便背着皇帝，假传圣旨，把持朝政，铲除异己。

魏忠贤不但善于玩弄权术，而且做事手段毒辣。对曾对自己有过重大引见和推荐功劳的另一太监魏朝，魏忠贤最后竟放恶狗将他吃掉。魏忠贤在任司礼监的时候，大肆网罗亲信，相助为虐，他手下有一群被称作"五虎""五彪"、"十狗""十孩儿""四十孙"的走狗，党羽遍及各个衙门。除司礼监，魏忠贤还兼任东厂总督太监，勾结党羽，结成了庞大的阉党集团，打击东林党人，许多官员被革职斥逐或被迫害致死。

魏忠贤和客氏把持朝政，作恶多端，激起了朝中大臣们的强烈愤慨。御史杨涟等人联名上书，疏中列举弹劾了魏忠贤专权乱政、迫害忠良、蒙蔽圣上、暗害妃嫔、私建祠堂、任用私党、败坏圣名等罪名，紧接着又有70多名朝臣上疏弹劾魏忠贤，奏疏达百余封。魏忠贤惊恐万分，求助客氏和太监王体，在他们两人的辩解和帮助下，糊涂的熹宗不但不听朝臣百官的劝谏，反而下一道措辞严厉的谕旨，极力袒护魏忠贤。这次上书使魏忠贤对杨涟等人怀恨在心，他凭空捏造罪名，逮捕了杨涟、左光斗、周朝瑞、魏大中、顾大章、袁化等6人，在狱中对其施以酷刑，六君子全被折磨而死。之后，魏忠贤又再次大兴冤狱，将周起元、周顺昌、高攀龙、周宗建、李应升等7人诬以受贿之罪名，逮捕入狱，周起元等人受尽严刑拷打，最后全部惨死狱中。魏忠贤和客氏不仅对政治上反对他们的朝中官员下毒手，就连后宫嫔妃在熹宗耳边说两句对魏、客两人不利的话，也难逃魏忠贤和客氏的魔掌。张皇后因"性严正"，多次提醒熹宗警惕魏、客两人，遭其怨恨，被陷害致流产，致使熹宗无后。裕妃张氏性格刚烈，对魏、客两人不屑一顾，于是以有孕之身被禁于冷宫，绝其饮食，裕妃最后饥渴而死。冯贵人劝熹宗停止内操（指挑选、装备宦官，在禁中操练，这是魏忠贤出的鬼主意），魏、客便假传圣旨，将其赐死。李成妃为冯贵人求情，魏、客两人知后大怒，将其囚禁，幸亏李成妃事先储备了食物，没有被饿死，但被贬为宫人。

魏忠贤控制的东厂也到处横行霸道，肆意抓人，百姓在谈话中无意冒犯了魏忠贤也会被处以剥皮、割舌等酷刑。

"一人得道，鸡犬升天。"魏忠贤的族人因魏的发迹也纷纷被加官晋爵，身居要职。侄子魏良卿封宁国公，加太师，另一个侄子魏良栋封东安侯，加太子太保；侄孙魏鹏翼封安平伯，加少师。族人中荫封锦衣卫指挥使的有17人，官至左、右都督及都督同知、佥事等有多人。随着魏忠贤个人势力急剧膨胀，朝廷内外众多的官僚为了取悦于魏忠贤，呼他为"九千岁"，魏忠贤似乎对于"九千岁"还不满意，于是有些人干脆呼他"九千九百岁"，离"万岁"皇帝只差一步之遥。这些谄媚的官员尤嫌不足，又掀起了为魏忠贤建造生祠的运动。"祠"即祠堂，原本是祭祀死去的祖先或先贤的宗庙，为活着的人建造祠堂，称为"生祠"。始作俑者是浙江巡抚潘汝桢，他上疏说"东厂魏忠贤，心勤体国，念切恤民"，请求为魏忠贤立生祠。明熹宗不但没有阻止，还为这个生祠赏赐匾额——"普德"。此例一开，全国各地纷纷效仿，建祠之风愈演愈烈，以至各地官员对生祠的态度和恭敬程度成为对魏忠贤是否忠诚的标志，生祠之多，几遍天下。每建一祠，霸占民田民墓，或拆民房民舍，无人敢阻拦，建祠的钱财，都是地方官员从老百姓那里搜刮来的，人们叫苦连天。生祠"极壮丽庄严，不但朱户雕梁，甚有用琉璃黄瓦，几同宫殿。不但朝衣朝冠，甚至垂旒金像，几埒帝王。"当时甚至还有人把魏忠贤和圣人孔子相提并论，说什么："孔子作《春秋》，忠贤作《要典》，孔子诛少正卯，忠贤诛东林，宜建祠国学西，与先圣并尊。"对魏忠贤的谄媚之风泛滥全国。

正当魏忠贤权力达到顶峰、权倾朝野之时，天启七年（1627）八月，熹宗病死，他的弟弟信王朱由检即位，就是崇祯皇帝。靠山一倒，魏忠贤和客氏的末日也就到了。

崇祯皇帝首先把客氏赶出皇宫，免去魏忠贤司礼监和东厂的职务，发配凤阳守祖陵，当魏忠贤行至途中，又被下令押回京城审判。魏忠贤知道难逃一死，与其回去遭千刀万剐，还不如趁早自己结束性命，便悬梁自尽。魏忠贤自结性命不解天下百姓之恨，于是崇祯帝下令"诏磔其尸，悬首河间"，并抄没其家，将全部财产估价变卖助饷。随后，崇祯皇帝对魏党进行清理。朝廷颁布"钦定逆案"，这件"逆案"是明末也是整个明朝最大的一起党案。魏忠贤被定为"逆案"之首，一共清查出首逆同谋6人，交结近侍19人，交结近侍次等11人，逆孽军犯35人，谄附拥戴军犯15人，交结近侍又次等128人，祠颂44人，共计258人，如果加上"漏网"57人，共计315人之多，可见阉党声势之庞大。作恶多端的魏忠贤和魏党终于得到应有的惩罚，这也是王振、刘瑾等几个专权大宦官的共同下场，他们共同验证了"多行不义必自毙"的千古训言。

王恭厂大爆炸之谜

明天启六年发生在北京城的一场大爆炸，与3600多年前发生在古印度的"死丘事件"、1908年6月30日发生在俄罗斯西伯利亚的"通古斯大爆炸"，被人们称为世界三大自然之谜。这三大灾难发生的原因引起了人们浓厚的兴趣，科学家也对此进行了深入的研究，但至今众说纷纭，灾难之谜一直没有被解开。尤其是发生在我国境内的"王恭厂大爆炸"，更是以其惨烈、诡秘而为世间所罕见。这次爆炸的真正原因是什么，至今众说不一。

五彩镂空云凤纹瓶
明万历年间文物。高49.5
厘米，口径15厘米，足径
17.2厘米。通体五彩纹饰，
腹部镂雕大小不同九只凤凰
和云纹，形态各异。现藏于
北京故宫博物院。

对于这次爆炸事件，很多文献都有记载。如《明实录·熹宗实录》、《国榷》、宦官刘若愚所著《酌中志》、北京史地著作《帝京景物略》、《宸垣识略》、《明季北略》、《畿辅通志》、《雪卢焚余稿》、《帝京景物略》以及孙承泽所著的《天府广记》等都有记载，尤其是以佚名抄撰的《天变邸抄》对王恭厂灾变的记述最为详细。这种邸报底本在当时是属于官方的，相当于今天的政府新闻公报，因此有较高的可信度。据《天变邸抄》中的描述：明天启六年五月初六（公元1626年5月30日）早晨，京师（北京）天色皎洁，突然一声巨响，如同天崩地裂，顿时间烟尘弥漫，天昏地暗，狂飙骤起，人畜、树木、砖石等被卷入空中，又随风落下，数万房屋尽为齑（jī）粉，死伤2万余人，让人心惊胆战。与狂飙骤起同时，地下大震，房倒屋塌，火光冲天，毁坏房屋数千间，同时还出现地陷，有人被陷入地中。

出事之时，明熹宗朱由校正在乾清宫用早膳，突然，他发现大殿震荡起来，不知发生了什么祸事，吓得不顾一切就逃。跃出门外，他急忙拼命向交泰殿狼狈奔去，内侍们惊得不知所措，只有一个贴身内侍紧跟着他跑。不料，刚到建极殿旁，天上忽然飞下一块鸳鸯瓦，正巧砸在这个内侍的脑袋上，当即脑浆迸裂，倒地而亡。熹宗皇帝也顾不上他了，一口气跑到交泰殿，正好殿内墙角有一张大桌子，他连忙钻进去，才躲过此劫。

爆炸发生后，消息迅速传遍了全国，无论是王公贵族还是黎民百姓都感到十分惶恐，认为此次灾变与当前国家的政治腐败、宦官专权局面有很大的关系，是上天对皇帝的警告。在舆论的压力下，皇帝不得不下了一道"罪己诏"，表示要"痛加省修"，决不让此类现象再次出现，并从国库拨出黄金一万两以救济灾民。

爆炸使老百姓死伤惨重，但这些还不足以震撼老百姓的心灵，这次爆炸事件中表现出来的许多诡异现象更让广大民众惶恐不安。例如在此次灾难中，出现了人群失踪现象。据记载，宣府杨总兵一行连人带马共7人没了踪影；承恩寺街上行走的女轿，事后只见轿具被打坏在街心，轿中女客以及8个轿夫都不知去向；西会馆的塾师和学生共36人，在爆炸之后，也全都没有了踪影。

除失踪让人觉得诡异之外，奇怪的"脱衣现象"更让人百思不解。据当时的史料记载，这次事件中，不论男女，不论死活，也不管是在家还是在路上，很多人衣服鞋帽尽被刮去，全为裸体。如《天变邸抄》中记载道"所伤男妇俱赤体，寸丝不挂，不知何故。"《日下旧闻》中记有这样一件事：元宏街有一乘女轿经过，只听一声震响，轿顶被掀去，女客全身衣服都被刮走，赤身裸体坐在轿车中，竟没有伤及皮肉。他们的衣服哪里去了呢？据《国榷》记载，震后，有人发现那些衣服全挂在西山的树梢上，昌平县校场也是衣服成堆，此外还有器皿、首饰和银钱等。

另据一些史书记载，其实在爆炸发生之前，便出现了一些离奇的征兆。如《东林始末》记载，五月初二夜间，前门楼角出现有几百团飘忽不定的火焰，不一会儿，这些火焰合并成一车轮大的一团。另据《天变杂记》记载，后宰门有一火神庙在六日早晨传出奇怪的音乐声，一会儿声粗，一会儿声细。看门的刚要进去查看，忽然有个大火球一样的东西腾空而起，不一会，东城便发出震天爆炸声。这火焰和火球与大爆炸究竟有何关系？

对于王恭厂特大爆炸事件，300多年来历史学家和科学家一直在研究和探讨，但一直没有定论。比较多的人认为，是当时位于爆炸中心的一座手工军火工场——王恭厂内火药爆炸所致，所以此次灾难又称"王恭厂奇灾"。但据爆炸专家估算，根据史料中记载的情况，奇灾相当于3万吨黑色火药爆炸的能量，然而王恭厂内贮存的火药最多不超过几百吨，根本形成不了如此大的冲击力。有人根据当时出现了"飓风一道，内有火光"，"西安门一带皆霏落铁渣，如麸如米者，移时方止"，以及呈方向性的冲击波、陨击坑等记载，认为此次灾难可能系陨星坠落造成的。但是爆炸后，在现场并没有发现任何陨石。地震学专家则认为，此次灾难是地震所致。还有人则提出是隐火山热核强爆，更有甚者认为是外星人入侵、UFO降临等。但任何一种观点，都没有足够的说服力。有专家则对十几种被认为有可能的爆炸原因进行分析，并结合灾变过程、破坏范围等史料记载，认为此次事件是自然灾害为主导，火药爆炸推波助澜。但究竟是什么天灾？是一种天灾还是几种天灾共同作用的结果？仍没有足够的论据来加以论证。

温体仁受宠之谜

崇祯皇帝即位后，面对外患内乱，急于求治，一旦政事不如意，便常常迁怒于文武百官，重典之下，官员或遭诛杀或遭贬谪，据统计，崇祯一朝，遭诛杀的总督就有7人，巡抚11人。明朝阁臣贵极人臣，很少有因罪被杀的，而崇祯时却连杀2人，其中一人被赐自尽后尸体吊了整整两天两夜，史书称"真从来未有之惨"。而官员替换更是频繁，崇祯朝17年间，兵部尚书换了14人，刑部尚书换了17人，内阁大学士用了50人，其中先后担任首辅的就有十几人，在职时间人均不过一年左右，人员更换如走马灯一般。然而，在这种情况下，温体仁却入阁8年，稳坐内阁首辅之位长达5年，这位在《明史》中被列入《奸臣传》的人物，死后崇祯帝还追谥为"文忠公"，视其为大忠臣。温体仁是怎样得到生性多疑的崇祯皇帝如此宠信呢？"崇祯皇帝遭瘟了"，这是当时京城里流传的政治民谣，这里的"瘟"指的便是温体仁，意为崇祯皇帝被温体仁蒙蔽了。温体仁到底是怎样的人呢？崇祯皇帝是如何"遭瘟"的呢？

温体仁，字长卿，湖州府乌程县人，万历二十六年（1598）进士，由翰林院编修累升至礼部侍郎、礼部尚书，崇祯三年（1630）以礼部尚书兼东阁大学士入阁，崇祯六年（1633）升任首辅，官至少师兼太子太师、吏部尚书、中极殿大学士。直至崇祯十年（1637）才解职回乡。《明史·温体仁传》对其评价是："为人外曲谨而中猛鸷，机深刺骨。"的确，温体仁的一路升迁，可以说是以人为梯，踩在别人身上爬上去的。

温体仁为人圆滑，城府深，老谋深算，善于窥测政治风向，万历年间步入仕途后，先后在神宗、光宗、熹宗数朝为官，尽管当时政坛斗争极为激烈，他却宦海浮沉30年，一直左右逢源，官运亨通。崇祯皇帝即位后，大力铲除权宦魏忠贤为首的阉党集团，一时间连坐者不下百余人，大批官员遭到罢免，内阁更是几乎为之一空。崇祯元年（1628），大学士刘鸿训被罢免，为了补充内阁成员，崇祯下令由九卿会推阁臣的候选人。明代制度规定，内阁成员最高为6人，分为首辅、次辅、群辅。选拔程序是，先由九卿提出一份候选人名单，称为会推。名单出来后再由皇帝确定进入内阁的人选，称为枚卜。温体仁满心希望自己能有机会进入内阁，不料会推结果出来后，他才发现自己根本没有进入这次会推的11人名单。野心勃勃的温体仁对此结果自然心有不甘，不过他也意识到仅靠自己的资历名望，还难以打败会推名单中的对手，善于揣测皇帝旨意的温体仁很快就找到了打败对手的突破口。原来，当时礼部右侍郎周延儒因为召对称旨，很受崇祯皇帝的欣赏，但廷臣认为周延儒声望尚轻，因此没有将他列入会推名单。温体仁估计崇祯皇帝对此肯定会心有疑虑。于是他找到周延儒，周延儒也正为此事心中愤愤不平，同病相怜的温、周二人一拍即合，决定联手否定会推名单，挤入内阁。

青花釉里红松竹梅纹梅瓶　明宣德年间文物。1957年江苏省南京市江宁区宋文虎墓出土。通高41.6厘米，口径6.4厘米。现藏南京博物院。

温体仁和周延儒先在在朝臣中拉拢亲信，散布流言，还不惜重金收买宦官作为内应。安排停当后，温体仁选择了名单首位的钱谦益作为攻击的突破口，率先发难。他向崇祯皇帝上了"神奸结党"疏，不仅翻出陈年旧账，指责钱谦益在天启二年（1622）主试浙江省试时曾有"关节受贿"，同时还借题发挥，攻击这次会推有结党营私的嫌疑，给钱谦益扣上了结交党朋、营私舞弊、贪污受贿、包藏祸心等罪名，认为不应该让他参与阁臣选举。崇祯皇帝本来就怀疑廷臣有朋党问题，这次他看中的周延儒没有进入会推名单，更是加大了他的怀疑，看到温体仁的奏折，崇祯皇帝感到自己的怀疑果然不错，于是下令第二天于文华殿召对阁部科道诸臣，让温体仁与钱谦益当堂辩论。

第二天，在文华殿上，经过精心准备的温体仁言辞咄咄、气势逼人地说道："我的职责不是言官本来不应该说，此次会推不与，也应避嫌不语。但选举阁臣事关宗社安危，钱谦益结党受贿，举朝无一人敢言，我不忍见圣上遭受蒙蔽，孤立无援，因此不得不说。"崇祯皇帝听了温体仁的话频频点头。毫无思想准备的钱谦益在温体仁的攻击面前惊慌失措，显出一副理屈词穷的样子。对于温体仁以陈年旧账为由的突然发难，朝臣们都感到气愤不平，大学士钱龙锡、吏科给事中章允儒等人站出来为钱谦益申辩，并指出温体仁觊觎入阁，才如此刁难别人，实属居心不良。温体仁见自己成了众矢之的，便向崇祯皇帝搬弄是非，说这些为钱谦益说话的人都是钱谦益的朋党。周延儒见状也站出来与温体仁一唱一和。本来就疑心的崇祯皇帝勃然大怒，下令将钱谦益罢官论罪，而为钱谦益说话的吏科给事中章允儒、给事中瞿式耜、御史房可壮等人都被加上"钱谦益朋党"的罪名，各遭降职处分。

文华殿事件后不久，周延儒便以礼部尚书兼东阁大学士如愿进入内阁，不久又升任太子太保、文渊阁大学士。温体仁因为揭发钱谦益朋党有功，崇祯皇帝对他的信任日益加深，加上有周延儒的鼎力相助，崇祯三年（1630），温体仁亦以礼部尚书兼东阁大学士进入内阁。只可怜钱谦益此时还待罪家中。

进入内阁以后，温体仁并没有就此满足，他的目光又落在内阁首辅的宝座上，而当时的首辅便是将他引入内阁的周延儒。为了扳倒周，温体仁开始培养自己的势力，他先是让自己的同乡闵洪学当了吏部尚书，又将御史高捷、侍郎唐世济、副都御史张永光等人收为心腹，再暗中支持太监王坤、给事中陈赞化弹劾周延儒，最终使周延儒被免职回乡。崇祯六年（1633），温体仁终于坐上了首辅的宝座，而且当了整整5年首辅，成为崇祯朝入阁时间最长、同时也是最受崇祯皇帝宠信的阁臣。

对于温体仁如何能长期获得崇祯皇帝的信任，一种观点认为，是温体仁善于揣摩崇祯皇帝的心意，逢迎有术。《玉堂荟记》即称，温体仁之所以能在位时间最久，关键是他"主于逢迎"。年轻的崇祯皇帝是一个虚荣心很强又十分刚愎自用的人，只对合乎自己想法的意见感兴趣，而不愿听不同意见。大学士刘鸿训只不过在崇祯皇帝即位之初说了一句"主上毕竟是冲主"，也就是说他年纪还轻，崇祯皇帝便深为衔恨，一心想将他置于死地，只是因为众大臣的力救，刘鸿训才保住了一条命，最终落得个充军边州的下场。既然崇祯皇帝喜欢大臣奉迎，便给了善于逢迎的温体仁以表现的机会。不过，逢迎也是要讲技巧的，不能让皇帝看出端倪，免得弄巧成拙，而温体仁正是个中高手。史载，有一次崇祯皇帝就军饷事宜向温体仁征询意见，温体仁很谦逊地回答："我一直是以文章侍奉皇上，皇上不以为我愚笨，将我提升到内阁高位，其实我是愚笨无知的，只知道代皇上票拟谕旨时不能欺骗皇上，军饷之类的军国大事我全听皇上的圣明裁决。"崇祯皇帝听完以后，不仅不认为温体仁是有意虚伪，反而觉得温体仁为人"朴忠"，对他大加赞赏。

　　有人认为，温体仁能坐稳内阁首辅这么长时间，与他过人的办事能力是分不开的。平心而论，作为首辅，如果只有逢迎的本领，而不能为皇帝排忧解难，也是难以得到皇帝长期宠信的。温体仁的才干绝非庸庸碌碌之辈可比，《三垣笔记》称，温体仁精明干练，当时内阁代皇帝起草谕旨时，碰到刑名钱谷一类专业问题，因为头绪繁杂，其他内阁大学士都是一筹莫展，而温体仁只要看一眼便了然于胸，从无差错。温体仁所表现出来的有权有谋、足以统驭六部的才干想必崇祯皇帝是十分满意的。当然，温体仁的才干之所以在当时的内阁大学士中显得如此鹤立鸡群，也是他一手经营的结果，他专挑庸才进入内阁，目的之一是可以显示自己的才干，二则避免有人争夺首辅之位。当时京城流传着这样一首歌谣："礼部重开天榜，状元探花榜眼，有些惶恐。内阁翻成妓院，乌龟王八篾片，总是遭瘟。"歌谣中的"乌龟王八篾片"指的便是当时的内阁大学士温体仁、王应熊、吴宗达。温体仁是乌程籍归安人，以乌、归与乌龟同音；王应熊是巴县人，取王、巴与王八同音；吴宗达身为阁臣，没有一点主见，因此被视为帮闲的篾片。"总是遭瘟"则是表明温体仁在内阁一手遮天，王应熊、吴宗达都是温体仁的党羽。

　　也有人认为，温体仁当上首辅后，十分注意扶植亲信，党同伐异，用尽各种手段打击敢于与他抗衡的正直官员也是他能稳坐阁职的重要原因。事实上，在温体仁任阁职期间，文震孟的罢官、郑鄤的被诛，都是温体仁一手促成的。而且温体仁铲除异己时十分注意不露痕迹，造成与自己无关的假象。正因为如此，多疑的崇祯皇帝今天怀疑这个大臣是朋党，明天怀疑那个大臣是朋党，却始终相信温体仁无党。这也是温体仁能够长时期获得崇祯皇帝宠信的原因，而温体仁最终下台，也正是因为崇祯皇帝突然发现"体仁有党"。

　　温体仁最终露出马脚与钱谦益有关，他进入内阁是靠了攻击钱谦益，而最后被逐出内阁也是因为攻击钱谦益，这恐怕是温体仁没有想到的。

　　早在崇祯二年（1629）会推阁臣时，温体仁与周延儒联手，将钱谦益赶回常熟老家，"夺官闲住"。然而，尽管钱谦益已经在家闲住了七八年，温体仁却仍然不肯放过他，企图置他于死地。原来，当年会推风波后不久，就有朝中大臣相继上疏参劾温体仁。先是御史毛九华揭发温体仁居家时倚势压人，强买商人木材，此事败露后，又贿赂阉党崔呈秀为其解脱罪责，得以免究。杭州魏忠贤祠堂落成，温体仁大献媚诗，为魏忠贤歌功颂德。御史任赞化随即也上疏告发温体仁娶娼为妾伤风败俗，收受贿赂腐化无德，夺人家产伤天害理。见势不妙的温体仁利用崇祯皇帝厌恶朝臣结党的心理，告发毛九华、任赞化都是钱谦益的死党，才侥幸逃过一劫。温体仁认定，钱谦益是这次事件的幕后主使，因此一直对他怀恨在心。崇祯十年（1637），温体仁派陈履谦收买了常熟县衙的师爷张汉儒，让张汉儒出面诬告钱谦益侵占地方钱粮、出卖生员名额、通番走私等58条罪状，温体仁随即拟旨，将钱谦益逮捕入狱。

　　钱谦益入狱后，心知是温体仁想置自己于死地，便托人向司礼监太监曹化淳求助。钱谦益曾经为前任司礼监太监王安写过碑文，而曹化淳又是王安的门下，两人有些私交。钱谦益入狱后，巡抚张国维、路振飞曾上疏为钱谦益鸣冤，曹化淳也知道钱谦益这次是冤枉的，便答应帮忙营救。温体仁得知曹化淳插手此事，不想让曹坏了他的好事，就一面让陈履谦编造了钱谦益"款曹击温"的匿名揭帖，四处散发，一面让王藩出面诬陷钱谦益出银四万两求助于曹化淳，温体仁自己则向崇祯密奏，要求办曹化淳的罪。不料这次弄巧成拙，崇祯皇帝将温体仁的密奏给曹化淳看了，被激怒的曹化淳

明·五彩鱼藻纹盖罐

当即要求彻查此案。得到崇祯皇帝同意后，曹化淳与东厂太监王之心、锦衣卫掌印指挥吴孟明一起突击审讯陈履谦，陈履谦便将收买张汉儒、王藩，捏造"款曹击温"匿名揭帖等事一一招供，并指认温体仁是幕后指使。看到这一审讯结果，崇祯皇帝如梦初醒，惊呼"体仁有党！"下令将张汉儒等立枷死。

此时，适逢抚宁侯朱国弼弹劾温体仁，温体仁像平常有人弹劾他时一样，"引疾乞休"，心想崇祯皇帝必然会下旨慰留他。不料崇祯皇帝已经决定罢斥温体仁，便在他"引疾乞休"的奏疏上批了"放他去"三个大字。据说温体仁正在吃饭，听说崇祯皇帝在自己奏疏上批了"放他去"，大惊失色，手中的筷子也掉在地上。一年后，温体仁病死在家中。

袁崇焕功过之谜

袁崇焕是明朝著名的军事将领、杰出的民族英雄。他曾一度帮助明廷收复辽东失地，立下了不朽的战功，因此受到时人的广泛称颂。但袁崇焕波澜壮阔的一生很快便灰飞烟灭，最终含冤而死，成为继南宋将领岳飞含冤受害之后的又一桩著名冤案。但二者相比较来说，袁崇焕的冤死更为惊天地泣鬼神。岳飞的冤死得到了广大老百姓的同情，而袁崇焕的死，不仅未能得到民众的理解，反而在其被凌迟处死时，民众纷纷争食其肉。由此可见，民众对袁崇焕的痛恨程度。袁崇焕究竟是含冤而死，还是咎由自取呢？

天启元年（1621），朝廷起用熊廷弼为辽东经略驻守山海关。年底，努尔哈赤利用熊廷弼与广西巡抚王化贞之间的矛盾攻陷广宁。广宁一役大破13万明军，攻陷40余城，使得明朝的形势变得岌岌可危。广宁惨败的消息传到京城后，给了大明朝廷巨大的心理震撼，一种恐惧之感萦绕于每一个官员和士兵的心理，朝廷里弥漫着一片惊惶失措的情绪，是战是守，举棋不定，多数大臣主张放弃关外国土。在这危急关头，正在北京参加朝拜之礼的袁崇焕挺身而出，为了解关外的真实情况，"即单骑出阅关内外"，对地形作了一番详细的考

袁崇焕

察后，回来说："予我军马钱谷，我一人足守此。"袁崇焕就是在这种情况下受命于败军之际，开始其督军关外的戎马生涯。身为文官的他，完全可以不理这些军事问题，但他却毅然投笔从戎。在他做决定之前，很多人劝他不要去趟这浑水，他也预感到自己可能会有与熊廷弼相似甚至更悲惨的个人命运，但天下兴亡，匹夫有责，他就这样以天下安危为己任地去了抗清前线。袁崇焕前往前线后，也表现出其杰出的作战指挥能力，他以孤军独守宁远（兴城）、锦州防线，并于天启六年、七年两次重创清军的进犯，并炮伤努尔哈赤致其不久而死，一改万历后期以来节节败退的战争颓势，创造了明清近半世纪的辽东之争中罕有的明军以少胜多的战例。

　　袁崇焕很快建立起自己的威望。崇祯继位后，拜他为兵部尚书，督师蓟辽，袁崇焕向崇祯帝提出了"五年全辽可复"的军事计划。鉴于过去熊廷弼的冤死以及孙承宗和自己被魏忠贤党羽排斥打击的遭遇，他向崇祯诉说了自己可能遭到陷害打击和来自敌人离间阴谋的顾虑。崇祯劝其不要顾虑，并赐予尚方剑，允许他在重大问题上可以做主处理。有了崇祯的承诺，袁崇焕做事的底气就更加足了，一方面整肃内部，消除隐患，为了便于统一指挥，他果断地处决了魏忠贤党羽皮岛总兵毛文龙；另一方面加紧练兵防敌，整饬蓟辽军务，修城备战。在他努力之下，此处防线牢不可破。但这只是与后金接壤的一个地方而已，其他地方的守军则未必如袁军一样坚不可摧。很快，皇太极便于喜峰口窜入长城，攻陷遵化。袁崇焕急驰救援，从后路包抄八旗军，切断其退路。皇太极一路狂杀，顺势进攻北京，袁崇焕得知消息后催马加鞭，两天两夜急行军300多公里，竟比后金军早到北京两天！但是崇祯却不让其部队进城，只能驻扎在广渠门外。当皇太极到达之后，对袁军行动之迅速大为吃惊。双方之间发生了多次较量，袁崇焕以不足1万的兵力迎战后金10万大军，最后击败后金兵，取得保卫京师之战的胜利。

　　在北京城下遭受重创后，皇太极对袁崇焕又忌又恨，他深知不除掉袁崇焕，自己进军中原的宏愿将很难实现，于是他利用崇祯皇帝生性多疑而又刚愎自用的性格特点，重施反间计，想借助崇祯之手除掉袁崇焕。他让人散布袁崇焕引兵深入，其实是为了和后金结城下之盟的谣言。崇祯对此起了很大疑心。这时皇太极又使出了极其恶毒的一招。据蒋良骐《东华录》记载，"先是（后金）获明太监二人，监守之。至是副将高鸿中、参将鲍承先遵赏密计，坐近二太监，故作耳语云：'今日撤兵，计也，顷上车骑向敌，有二人来见，语良久乃去，意袁巡抚有密约，事可立就。'时杨太监者，详卧窃听。庚戌，纵之归。"杨太监回去后，将袁崇焕与后金"密约"一事告与崇祯皇帝，崇祯深信不疑，以擅杀大将、勾引敌方来胁迫朝廷求和、谋叛欺君的"莫须有"罪名，将袁崇焕凌迟处死。

袁崇焕的悲惨遭遇并没有博得满朝权贵的同情，他们嫉妒袁崇焕，因为袁崇焕功高盖过他们。相反，"凌迟袁贼"的呼声从平民百姓喊到朝廷百官，直至响彻云端。最终，袁崇焕被杀，死得十分惨烈。观看行刑的百姓纷纷掏出钱递给刽子手，然后争着将一片片凌迟的肉生啖。袁被害后暴骨尸野，乡人因为害怕惹祸上身，都不敢过问。他那血肉模糊的头颅，被悬挂在高秆上示众。后来袁崇焕部下中有一位姓佘的谋士冒死把他的头颅盗了出来，掩埋于自家后院，从此与家人隐姓埋名，世代为袁崇焕守灵整整155年。

直到清乾隆年间，乾隆偶尔读到明史，感于其冤，决定为其平反，袁崇焕冤案才最终得以平反昭雪，真相大白于天下。乾隆四十九年（1784），乾隆下诏为袁崇焕平反。《清高宗实录》载："袁崇焕督师蓟辽，虽与我朝为难，但尚能忠于所事，彼时主暗政昏，不能罄其忱悃，以致身罹重辟，深可悯恻。"自此，袁崇焕的冤屈才得以昭雪，后人给予其很高的评价。金庸先生在《碧血剑》后所附的《袁崇焕评传》中，认为袁崇焕是一个古希腊式的悲剧英雄，大才豪气，笼盖当世，在天昏地暗的乱世中力挽狂澜，支大厦于将倾之时。他的冤屈既然早已昭雪，功过自已分明，无须后人多争论。

史可法生死之谜

扬州市史可法路南端梅花岭畔，有一座史公祠，它就是明末抗清英雄史可法的祠堂，祠内建有史可法衣冠冢。为何在史可法的墓中只有其衣物呢？这是因为史可法殉难后，其义子史德威遍寻遗骸不得，遂依史可法遗愿，葬其衣冠于梅花岭下，这便是衣冠冢的由来。史可法到底有没有战死？如果不在人世，他的遗骸又在什么地方？

顺治二年（1645），清军在明降将许定国的引导下，抵达扬州。扬州是南京的屏障，一旦扬州被占，清兵将会沿江而上，南京必将不保。于是，受马士英排挤，以兵部尚书、大学士督师扬州的史可法立即发出十万火急的军书，希望各路将领能率兵前来保卫扬州，不料竟无一支部队前来增援。而清军那边，清摄政王多尔衮先后五次下书劝降，史可法置之不理，还把前来送信的人抛进护城河里。清军见劝降不成，便将扬州城围得水泄不通。史可法在外援断绝、军饷不济的情况下，率领扬州军民，坚守孤城，终因寡不敌众，扬州失守。由于清军在攻城中伤亡惨重，攻城将领多铎恼羞成怒，竟灭绝人寰地对扬州人民进行了持续十天的大屠杀，史称"扬州十日"。屠杀过后，扬州城内尸体堆积如山，史可法的部下潜入城内，寻找他的尸体，但是遍寻不着。由此产生了很多传说。

有的说史可法缒城出走。计六奇在《明季南略》中详细地记道，阴历四月二十五日，清兵诈称明总兵黄蜚的援兵到，史可法下命令开西门放行，清兵进城，即攻击明军。史可法在城上见此状况后，知大势已去，拔剑自刎，他的手下连忙阻止，于是他与总兵刘肇基缒城潜去。明末清初的史学家谈迁也持此说。有的记载竟然还称史可法是跨骡出城的。乾隆《江都志》载扬州故老言，扬州城被攻破时，史可法"跨白骡出南门"。许旭还就此赋诗："相公（即史可法）誓死犹饮泣，百二十骑城头立。瞬息城摧铁骑奔，青骡一去无踪迹。"（《汗青录》）

有的说扬州城被攻破时，史可法便销声匿迹，不知去向。一次，计六奇外出，途中坐船时，偶遇一个嘉兴人。在闲谈中，这个人提到自己是扬州之战的幸存者。计六奇便向他打听史可法的下落，这个嘉兴人说城破时，史可法下落不明。

除了上述两种说法，还有很多其他的说法，如战死说，沉江说等。据张岱《石匮书后集》记载，史可法自杀未遂后，逃出城后，与部将在离扬州城数里的宝城寺，稍作休息。清军追寻至此，双方又展开一场激战，结果史可法战死。沉江说则说史可法出城后，渡河时因马蹶落水溺死。也有人说他出东门遇清兵堵截，自己感觉逃生无望，于是赴水自尽。康熙年间孔尚任所著的《桃花扇》就采用了"沉江说"，因而沉江说广为流传。

不过，大多数人还是认为史可法是被俘后不屈而死的。清朝官修史籍大多如此记载。如《清实录》记载道，清军攻克扬州城时，俘获史可法，并将其斩于阵前。再如《明史》也提到，扬州城被攻破时，史可法自刎未遂，被部将拥至小东门，为清军抓获，这时史可法大叫道："我就是史督师！"于是清军将其杀掉了。其他如《雪交亭正气录》《史外》等野史也都有类似记载。甚至史可法嗣子史德威在其所著《维扬殉节纪略》中也记述道，扬州城陷时，史可法自刎未遂，为清军捕获。最初，多铎对史可法可谓是"以礼相待"，口中直呼其为先生，并提出丰厚的条件来诱降史可法。史可法怒斥道："我作为大明朝重臣，怎么能苟且偷生，难道想让我做万世罪人么！今日你们可以砍掉我的头颅，但绝不会让我屈服……我将与扬州共存亡，既然扬州城已被你们攻破，我活在人世间也无任何意义。"于是他被清军杀死。史德威的记载可谓是关于史可法下落的第一手史料，有着充分的说服力。而且，一些目击者也谈到史可法是被俘后不屈而死的，原史可法的幕下杨遇蕃及清军将领安珠护就亲眼目睹了史可法被杀和被肢解之情形。其实，史可法早就抱定一死之心，他在写给母亲、夫人的绝笔信以及五封遗书中，就有"一死以报国家"之语。

第一封是写给母亲的："不孝儿可法遗禀母亲大人：儿在宦途一十八年，诸苦备尝，不能有益于朝廷，徒至旷远于定省，不忠不孝，何颜立于天地之间！今以死殉城，不足赎罪。望母亲委之天数，勿复过悲。儿

史可法

在九泉亦无所恨。得副将德威完儿后事，望母亲以亲孙抚之。四月十九日，不肖儿可法泣书。"

第二封信给夫人："可法死矣！前与夫人有定约，当于泉下相候也。四月十九日可法手书。"

第五封信给副将史德威："可法受先帝厚恩，不能复大仇；受今上厚恩，不能保疆土；受慈母厚恩，不能备孝养。遭时不遇，有志未伸，一死以报国家，固其分也，独恨不早从先帝于地下耳。四月十九日，可法绝笔。"

因此，一些人认为既然史可法已抱着必死的信念，所以说不可能在扬州城被攻破后逃生，而且其部将刘肇基在扬州城陷前就已中流矢而亡，因而根本不可能与史可法一同"缒城潜去"。

之所以出现"缒城潜去"、"不知所终"说，可能归结于史可法死后，尸骨无着。因史可法是"尸裂而死"（《乙酉扬州城守记略》），由于清兵破城后，屠城十日，杀百姓数十万人。再加上当时天热，扬州城尸骨已腐无法辨认，因而史德威便将史可法生前穿戴过的袍笏及玉带等物，葬于梅花岭旁。另一种可能便是人们心理上存在着不愿意史可法死去的情结，总是希望史可法能幸免于难，所以说史可法没有死。

由于众说纷纭，关于史可法的生死仍是史苑疑云。

洪承畴降清之谜

在明末的抗清斗争中，洪承畴是一位极其重要的人物。他的文韬武略、他的豪言壮语使明朝的君臣视他为抗清战场上的中流砥柱。崇祯皇帝也视他为最可依赖的人，甚至在他兵败后，坚信他会为国捐躯、以身殉职的大明朝廷还为他举办了隆重的葬礼。然而，就是这样一个为满朝君臣所信任的人，最后却选择了投降。洪承畴为什么会降清呢？

洪承畴（1593—1665），福建南安人。23岁便中举人，次年登进士，历任刑部主事、陕西布政使司右参政、延绥巡抚、陕西三边总督等职，并兼兵部尚书头衔，是统领明兵与李自成作战的主要军事将领。后因后金军大举入关，明崇祯皇帝将洪承畴调任蓟辽总督，全力对付满清人。在松锦会战中，明廷对其寄予了很大的希望。但松山城破之后，洪承畴及其部将祖大寿等皆被俘。皇太极对被俘人员采取不同的待遇：对巡抚丘民仰、总兵曹变蛟、王廷臣等，先进行劝降，遭到拒绝以后，当即把他们就地处死，其部下将领100余人、士兵3000余人，也全部被杀害；但对洪承畴、祖大寿则采取不同的策略，尤其是对洪承畴的重视非同一般。因为皇太极深知洪承畴是明朝重臣，是自明清开战以来所俘级别最高的明朝军事统帅，而且此人富有文韬武略，是一位难得的人才。如能争取归顺，对大清未来入主中原十分有用，于是皇太极多次派满汉官员前去劝降。但洪承畴坚决不降，他每逢见到那些前来劝降之人，便怒目而视，死不开口，以至于满族官员举刀欲杀之，他竟"延颈承刃，终始不屈"，声称："生为大明臣，死为大明鬼。"于是，皇太极决定不给他饭吃，"只给菽水喝"，试图通过逼辱和虐待来消磨他的意志，然而洪承畴毫不畏惧，竟以绝食来相抗，"米浆不入口者七日"。然而，正是这样一个铮铮铁骨的硬汉，最终仍然归降了清廷。关于他的降清缘由，史书说法不一。

洪承畴

据《清朝全史》记载，"汲修主人（礼亲王） 谈太宗襟度有曰：松山既破，擒洪文襄（洪承畴），洪感帝之遇，誓死不屈，日夜蓬头跣足，骂言不休。太宗乃命诸文臣劝勉之，洪一言不答。太宗乃亲至洪之馆，解貂裘而与之服，徐曰：'先生得无冷乎？'洪茫然，视太宗良久，叹曰：'真命世之主也'，因叩头请罪。太宗大悦。诸将皆不悦曰：'洪承畴仅一羁囚，何待之重乎？'太宗曰：'吾侪所以栉风沐雨者，究竟欲何为乎？'众曰：'欲得中原耳。'太宗笑曰：'譬之行者，君等皆瞽目，今得一引路者，吾安得不乐？'众乃服。"《清史稿》等史书也都是如此记载。

由此可见，洪承畴之所以最终降清，是被皇太极礼贤下士的行为所感动，才归顺了清朝。正当皇太极为招降洪承畴之事在犯愁之时，清朝内部的谋士们以及庄妃为皇太极出谋划策，认为争取洪承畴这样重名节的大人物，必须重在攻心，礼贤下士。皇太极听取了这些建议，多次前往洪承畴居所问寒问暖，洪承畴以一敌国囚徒，蒙受皇帝的温暖关怀，内心不胜感激，于是，跪在地上向皇太极叩头请降。皇太极深怕他反悔，连夜派人给其剃发。应当说，洪承畴由当初的坚决不降到决定降清，是皇太极的招降政策起了很大的作用。洪承畴也正是从皇太极这种礼贤下士和宽广胸怀中，看到了清朝终将会成功，而明朝的腐败已很难重振基业，因此促使他下定决心降清。

但民间则广泛地流传着洪承畴的降清之举，是由于皇太极的爱妃庄妃博尔济特氏（就是大家在戏说古装影视作品中熟悉的后来的孝庄皇太后）做工作的结果。一些文学作品或民间传说还大书特书庄妃如何亲自出马用色情诱其归降。如《清史演义》记载，"洪承畴人本刚正，只是有桩好色的奇癖"，于是庄妃在太宗面前，毛遂自荐，不料她竟然能劝降洪承畴。有的著作则记载，皇太极听说洪承畴好色，便差宫中美貌侍女去送人参汤，遭拒绝后，皇太极便派最宠爱的庄妃出马。庄妃以侍女的装束，前去劝洪进食，并反复喻以利害，逐渐使之回心转意。《清宫秘史》第二十一回中，也记载了庄妃亲自出马劝降洪承畴之事，甚至说她利用美色引诱洪承畴，竟不惜失身。这一回的标题便是"香衾卧娇艳经略降清"。

然而，有人提出，民间传说以及文学作品中的庄妃招降情节，尽管描写得生动细腻，引人入胜，但却与事实相差甚远，漏洞百出。首先，在后宫之中，后妃未经皇帝准许，不能擅自离开后宫。而且，在后宫中有佳丽三千，温柔美丽、善解人意、能说会道者，多不胜数，皇太极何必要派庄妃装扮成侍女去做上述劝降工作呢？更何况让自己最宠爱的庄妃去与一个在押的俘虏过夜？其次，《洪承畴传》的作者王宏志，通过审阅史料，进行细致的研究，认为洪承畴在个人生活上很遵守儒家道德，并没有什么风流之举。说什么洪承畴"有一桩好色的奇癖"分明是在丑化洪承畴。庄妃可能确实为皇太极出了劝降洪承畴的主意，但她亲自前去看望洪承畴则未必是历史事实，民间传说以及文学作品这样叙述的目的可能在于贬低洪承畴和贬损庄妃。洪承畴毕竟是明之重臣，而清朝是少数民族建立的政权。因此，很多人对于洪承畴降清，后又成为清初开国功臣之举，觉得不可原谅。特别是一些明朝遗臣对洪承畴多加谴责，并编造了许多责备洪承畴的言论，才使得民间传说以及文学作品中出现了与信史相差甚远的记载。

郑成功死亡之谜

1661年，郑成功亲率战舰120艘，将士25000余人，在金门料罗湾誓师东进收复台湾。经过激烈的海战，郑军击沉荷军主力舰"赫克托"号，收复了"赤嵌楼"。1662年2月1日，荷兰侵略军被迫投降，被侵占达38年之久的台湾终于重归祖国怀抱。郑成功因此壮举成为中国历史上第一个收复祖国宝岛台湾的伟大民族英雄。正当郑成功准备在台湾进一步大展宏图之时，却猝然死去，年仅39岁。郑成功究竟是怎么死的呢？

郑成功（1624—1662）是我国明末清初著名的民族英雄，原名森，号大木，福建南安县石井村人。其父郑芝龙，南明隆武朝时为"建安伯"，曾组织向台湾移民，积极开发台湾岛。清顺治二年（1645），21岁的郑成功在福州受到隆武帝朱聿键的召见，颇受隆武帝的赏识，赐他国姓（朱），改名成功，因此郑成功又被尊称为"国姓爷"。顺治十年，南明永历帝朱由榔封他为"延平郡王"。身为明末清初重要的历史人物，郑成功的英年早逝自然引起人们的关注。

很多史籍都记载郑成功死于疾病，究竟是什么病呢？说法不一。有的说是"感冒风寒"，有的记载"偶伤寒"，有的描述为"骤发癫狂"，也有的说"肺结核病"，一个外国学者乔治·菲力浦甚至认为郑成功得了"疯狂病"。总之，关于郑成功致死病因的记载五花八门。从如此之多的致死病因中，我们可以看出，人们对郑成功的死因其实并不确定。郑成功的真正死因是什么？至今仍是众说纷纭。不过从众多的记载中，人们渐渐发现郑成功死得有些蹊跷，如同时代的林时对在《荷闸丛谈》记道："（成功）骤发癫狂，咬尽手指死"；夏琳则在《闽海纪要》中提到："（成功）顿足抚膺，大呼而殂"。从这些记载中，可见郑成功死前有一些异常的症状，究竟是什么病情致使郑成功在死前呈现出如此痛苦之状呢？

有的学者根据郑成功临死前的异常症状提出，郑成功可能不是死于疾病，而是被人用毒药害死的。从郑成功死前的情状来看，完全是毒性发作的症状。除夏琳《闽海纪要》、林时对《荷闸丛谈》的记载外，其他很多史籍也描述了郑成功死前的情状，如江日升《台湾外纪》说他"以两手攀面而逝"；吴伟业《鹿樵纪闻》说他死时"面目皆抓破"；外国学者乔治·菲力浦在其所写的《国姓爷的一生》中写道，郑成功临死时曾用牙齿咬破嘴唇、咬断舌头。试想如果是因病而亡的话，郑成功似乎不应出现这样剧烈的反应，以致抓破自己的脸，甚至咬断舌头，这些反应与毒发时的症状极为相似。而且，据夏琳在《闽海纪要》中的记载，郑成功病重时，他的手下都督洪秉诚调药以进，郑成功却将药碗扔在地上，大呼而亡。郑成功为什么不喝药，反而要将药碗扔掉呢？可见郑成功已经意识到有人在给他下毒，所以对手下不再信任。此外，马信此人在郑成功死后神秘死去也是个重大的疑点。马信是清军降将，后来成为郑成功的亲信。郑成功临死前一天，马信曾推荐一医师投药一帖，当晚郑成功便死去，郑成功死后五天，他也无病而终。因此，这很有可能是马信为人收买投毒，事成后，真正幕后主谋者又将其处死灭口。

如果郑成功是被人毒死的，那么毒死郑成功的幕后黑手会是谁呢？从当时的局势看，想除掉郑成功的人还真不少。

一种观点认为毒杀郑成功的主使者是清政府。有学者提出，清政府为了剪除郑成功，不惜重金，收买郑成功的亲信，"用一种慢性毒药投放到郑成功的饮食中去"，最后随着毒性积聚，"郑成功中毒身亡"。这种说法有一定的合理性。因为清王朝曾收买郑成功的厨师来实施暗杀，准备在点心中投放毒药孔雀胆来毒杀郑成功，但这个厨师几次动手都因为胆怯而放弃。最后经不住内心的折磨，将此事告诉了自己的父亲，他父亲得知真相后对其痛加斥责，并将他带到郑成功面前负荆请罪，最终郑成功宽恕了他。此次谋杀虽然没有得逞，可见清政府不仅有毒杀的动机，也有过实施毒杀的行动。

另一种观点认为，毒杀郑成功的主使是郑氏集团内部的某些人。有学者指出，郑氏集团本身并非铁板一块，如郑成功的兄弟子侄辈中，有不少是有职权的，就对郑成功政权虎视眈眈，其中以郑泰为首。郑泰长期掌管郑氏集团的东西洋贸易，握有财政大权，虽深得郑成功信

剔黑开光花鸟纹梅瓶　明代。高28.7厘米，腹径18.9厘米。通体朱漆锦地，雕黑漆四季开卉纹。现藏北京故宫博物院。

任，但他早存异心，曾极力反对郑成功收复台湾。当台湾收复百废待举，财政十分困难，郑成功为财政犯愁之时，郑泰并没有拿出资金来帮助郑成功渡过难关，反而将30多万银子存放到日本。可见他希望郑成功被各种困难击垮，然后代替他。但是他并没有如愿以偿，相反，台湾各方面的形势在郑成功的积极努力下，渐渐有了很大的起色。郑泰知道自己在背后的小动作已经让郑成功有所察觉，出于担心郑成功日后算账，郑泰有可能为了一己私利而毒杀郑成功。从郑泰在郑成功死后马上伪造郑成功遗命，讨伐郑成功之子郑经的举动来看，郑泰是幕后策划者的嫌疑很大。

另外，由于郑成功平时纪律严明，赏罚分明，虽然得到了绝大部分民众的信任和支持，但因此也得罪了一些人，这些人在外界的诱惑下，可能会铤而走险，参与到毒杀郑成功的活动中。

还有一种观点认为，郑成功"家族不睦，其子乱伦"是他致死的原因。他们认为，郑成功收复台湾后，郑氏兄弟辈便出现了裂痕，尤以郑泰、郑鸣骏为最，父亲反叛，兄弟间貌合神离，使得郑成功痛心疾首。与此同时，郑成功家中也出了件丑事，即其子郑经与乳母陈氏私通，郑成功初不知，后经人告发，"令郎狎而生子，不闻饬责，反加赉赏，此治家不正，安能治国乎？功顿时气塞胸膛，"随即下令杀郑经、陈氏等人，郑经得知，与其幕宾相商，不但此事被他一一掩饰搪塞，而且还对郑成功说，若要一意孤行，准备与清军相妥协。遭此打击，性格刚毅，崇尚礼教的郑成功终于在清良熙元年五月初八日大呼："吾有何面见先帝于地下也"，"以两手抓其面而逝"。

以上诸多说法，似乎都有一定道理，但要揭开郑成功的真正死因，恐怕仍然是很困难的。

红娘子、李岩存无之谜

在明末众多奇女子中，有一个女子的身世一直以来是个未解之谜，受到众多研究者的关注。这个奇女子就是明末农民起义军高级将领李岩之妻——红娘子。相传红娘子原来是位绳伎，也就是杂技演员，后来举兵起义并参加了李自成的队伍。然而红娘子真有其人吗？她所嫁的夫婿李岩又是何许人？

最早对红娘子做过一番研究，并认定红娘子确有其人的是郭沫若先生。他在1944年写的《甲申三百年祭》一文中，引用了《明史·李自成传》中的记载：

"杞县举人李信者，逆案中尚书李精白子也。尝出粟赈饥民，民德之。曰：'李公子活我。'会绳伎红娘子反，掳信，强委身焉。信逃归。官以为贼，因狱中。红娘子来救，饥民应之，共出信。"说的是江湖卖艺的红娘子造反后，看中了杞县举人李信（即李岩），一定要嫁给他。李岩开始放不下举人公子的身份，不肯就范，在被迫做了新郎后又逃脱，尽管他已经同"反贼"红娘子划清了界限，但官府却并不这样认为，于是李岩还是被官府抓进监狱，并判了斩监候。红娘子自知单凭一己之力根本无法救出李岩，于是她把杞县饥民组织起来，揭竿而起，攻破杞县城，救出李岩。最终李岩丢掉幻想，死心塌地地与红娘子结为夫妇。在红娘子的劝说下，李岩投奔李自成的起义军，并逐步成为了起义军骨干，一直升到制将军。这个故事颇具有戏剧性，因此郭沫若一直念念不忘，曾想把它改编为历史剧。后来他在无名氏的《梼杌近志》和吴伟业的《鹿樵纪闻》中发现了有关李岩和红娘子的一些记载，内容与《明史》所述无甚出入。因而郭沫若认为，《明史》中的记载可能就是根据吴伟业等人的著作写成的。

解放以来的种种研究表明，红娘子破杞县城救李岩的故事，确实如郭沫若所言，最初见于吴伟业的《绥寇纪略》（即《鹿樵纪闻》）。吴伟业是明清之际的大诗人，声望很高，他的《绥寇纪略》又成书较早，故此红娘子和李岩的故事影响较大。有人认为《明史》中的《流贼传》系毛奇龄主稿，他根据《绥寇纪略》等书，将这一故事写入了《明史·李自成传》。由于一般认为能进入官修史书的历史人物和事件，都是可靠的。因而红娘子在官修史书中受到推崇，这个故事也就流传更广了。

当今的一些研究明朝历史的专家也持这种观点。如明史专家谢国桢也认为红娘子确有其人，在他所撰写的《红娘子与卦子陈四》一文中，便引用了清初戴笠《怀陵流寇始终录》中有关红娘子的记载。另外，在其编纂的《明朝农民起义史料选编》中，收集了毛奇龄的《后鉴录》，该书称红娘子为"踏绳伎也"。而这些史料均为郭沫若先生当年所未见，但内容上却和《明史》中的记载无多大出入。

上述所有的这些记载都表明：在明末的历史上，曾出现过红娘子这一人物。不过，《绥寇纪略》等书中对红娘子的身世和起事始末，都语焉不详，以至于大家至今连她姓什么都不知道，仅知道她是一个"踏绳伎"，走江湖的杂技表演者。据记载，崇祯十二年十二月，有一支活动在山东、河南、河北的地方起义军，就都头戴红头巾。因而有些研究者认为，红娘子率领的大概是一支白莲教起义军，因为身穿红衣，所以被称为红娘子。

但也有很多研究者不同意这一说法，他们认为上述观点并不能站得住脚。他们的依据是所记载的红娘子，总是和李岩放在一起，二者紧密相联，密不可分，讲述的都是红娘子破杞县救李岩这件事。但史学界对是否有李岩其人，还不能达成共识。有的学者认为，李岩不过是某些人虚构出来的"乌有先生"，李岩本人都不存在，红娘子的存在自然也不可信。明末清初人郑廉在《豫变纪略》中，就矢口否认杞县有李岩其人。他家离杞县仅百余里，他的朋友中有许多杞县人，他本人包括其他一些被李自成部队捉去过的人，都未听说李自成部队中有个来自杞县的李将军。此外，康熙《杞县志》中，还专门附有一篇《李公子辨》，否认李岩是明朝大学士李精白之子，也否认有举人李岩的存在。

但有人根据河南博爱县唐村清康熙五十五年李元善修《李氏家谱》的传抄本指出，这份家谱虽然是后人抄写的，但谱系完整，还有康熙五十五年的序言，应该是可信的。家谱中记载李岩的生父叫李春茂，字庭壁，号叶蓁。李岩兄弟四人，老大李伦，字山，号大用；老二李仲，字峰，号仲元，又号大亮；老三，李俊，字岭，号政；老四就是李信，字岩，号威。李岩有个叔叔叫李春玉，字精白，号晶白，在开封杞县城内开粮行，他没有儿子，李岩过继给叔叔为子嗣。根据这份家谱，不仅可以证实李岩确实存在，而且证实李岩不是杞县人，而是河南怀庆府河内县（今博爱）唐村人。

而有些研究者指出，即使李岩不是李精白之子，也不是河南杞县的举人，但并不等于无其人和无其事。因为，从当时保存下来的塘报（明朝专门用于刊载战况、军事动态及消息的官方传播媒体，类似今天的军队内部报纸）及一些在北京的目击者的记载看，在李自成的农民军中，确有一个被称为"李公子"的担任都督制将军的李岩存在。不过他们认为，即使有李岩这个人，红娘子破城相救之说也不足以为信。因为据乾隆《杞县志》记载，在崇祯年间，杞县从未发生过饥民攻破县城并杀死知县之事。另外，在一些记载李岩事迹的史籍中，也不见红娘子的"蛛丝马迹"。如谷应泰的《明史纪事本末》、彭孙贻的《平寇志》、计六奇的《明季北略》等都没提到红娘子。《平寇志》《明季北略》成书时间比《绥寇纪略》晚，可是也绝不提红娘子，显然是有意删去的。

关于有无李岩和红娘子其人的争论仍在继续。究竟孰是孰非，只能留待专家们进一步考证了。

张献忠屠蜀之谜

近百年来，一些专家和学者惊奇地发现，很少有四川人是土生土长的，几乎都是"湖广填四川"移民的后代。四川人口的急剧减少，很多史书和学者将其归结为张献忠的农民军在四川大肆屠杀。事实的真相到底怎样？史学界对此一直存在着较大的争议。

张献忠（1606—1646），字秉吾，延安卫柳树涧（今陕西定边东）人。崇祯三年（1630），陕北地区出现连年旱灾，农民纷纷暴动，张献忠率十八寨农民应之，自号八大王，人称"黄虎"。起事后，克凤阳、焚皇陵、破开县、陷襄阳，胜战连连。崇祯十六年，克武昌，称大西王，次年，建大西于成都，即帝位，年号大顺。1646年，清兵南下，张献忠战殁于西充凤凰山。

张献忠在统治四川时期，留下了很多难解之谜，最大的谜可能要算"张献忠剿四川"了。据《明史·地理志》和《清文献通考》载，明万历六年（1578），四川省尚有人口310万，到清康熙二十四年（1685）锐减至9万，出现了有史以来四川人口的最低记录。《明会要》以及嘉庆《四川通志》中也都有四川人口锐减的记载。近百年来，有许多史学家甚至还惊奇地发现，没有哪个四川人是土生土长的，几乎都是"湖广填四川"时，从外省迁来的。四川人口的急剧减少，很多史书和学者将其归结为张献忠农民军大肆滥杀所造成。张献忠在四川有无大肆滥杀，四川人口的急剧下降和张献忠有无关系？关于这些问题，目前存在着较大的争议，主要有三种观点：

第一种观点认为，张献忠在四川确实大规模杀过人。支持这一观点的历史记载很多，如《明史·张献忠传》中称，张献忠嗜杀，一日不杀人，就觉得闷闷不乐。一次借开科取士，将应试的士子集于青羊宫，然后全部杀掉……还将成都民众活埋于中园。此外，还杀各卫籍军98万余人。另派遣四将军，分别对各府县进行屠杀。又如费密的《荒书》记载，张献忠"尽一省而屠之"，全省人几乎都被杀光了！吴伟业《绥寇纪略》等书也记载了张献忠及其部将曾先后"屠成都"、"屠重庆"、"屠广元"、"屠保宁"、"屠锦州等州县"……

张献忠为何要对四川人大开杀戒？一些史书通过对史料分析，认为张献忠屠蜀的原因可能在于报复。如清刻本《蜀碧》便持这一看法。《蜀碧》系乾隆进士彭遵泗所撰，他是四川丹棱人，非常想弄清楚明末家乡发生的这一重大变故。为了写好这本书，彭遵泗收集了大量史料文献，其中包括《明史》、《明史纲目》、《明史纪事本末》等二十五种。可以说，《蜀碧》中所引证的书目几乎囊括了当时记载张献忠据蜀的所有史料。据《蜀碧》记载，张献忠年少时，随其父前往内江做生意，受到凌辱，于是张献忠便发誓，当我再来此地时，要将你们全杀光，这样才能泄我心头之恨。另据民间传说，张献忠率军由湖北入四川时，在野外解手，不巧手抓着活麻，手和臀被刺痛，他十分生气，曰："四川人真厉害，连草都这么凶，我就从这里杀起！"于是便出现了"千里无烟，空如大漠"的剿川惨状。

第二种观点认为，张献忠在四川并没有杀人，相反却非常注重军队的纪律。如顺治元年（1644）起义军由重庆向成都进发时，张献忠下令，如果对方投降，就不能伤害他；在攻打泸州时，张献忠发布檄令说，凡我军士，如有借故滋扰，株连良民，及其他淫掠不法情事者……务须从严查办、赔偿损害（《张献忠屠蜀记》上册）。大顺二年（1645）三月，《大西骁骑营都督府刘禁约碑》又明令严禁"扰害地方"、"妄害良民"。还有记载表明张献忠和老百姓的关系是不错的。《石匮书后集·盗贼列传》中记载，崇祯十三年，左良玉大败张献忠于太平县之玛瑙山，杀死张献忠部队万余人，张献忠骁勇善战的精锐部队几乎被全歼，只剩下千余人。此役使得张献忠元气大伤，但在当地民众的帮助和支持下，很快他便重整旗鼓。顾山贞的《客滇述》中，也有一段谈到当初张献忠败走梓潼，后面追兵紧追不舍，张献忠余部死伤惨重。但张献忠为了数百百姓，亲自去救援。由此可推断，张献忠并没有在四川大肆杀人，否则民众也不会欢迎他，相反有些地方老百姓在张献忠牺牲后，特在庙宇中塑像，以示纪念。持这一观点的专家们认为，导致四川人口减少的主要原因是明统治阶级与当地少数民族间的连年战争，明、清官兵和四川地方地主武装对起义军的屠杀，清军与明军、清军与吴三桂之间在四川长期战争造成的杀戮以及天灾频仍、瘟疫流行等。当然，张献忠在四川确实也杀过不少人，但所杀的主要是明宗室、官员及顽抗的明军，并未滥杀百姓。之所以说张献忠是杀人魔王，完全是清政府为了隐瞒真相，把他们自己干的这些大屠杀全部栽赃给张献忠的！

第三种观点则认为，张献忠虽然没有滥杀，但确有杀戮扩大化倾向。在他所杀的人中，也包括一些无辜民众，如他在四川杀掉投靠李自成的人，甚至把俘虏全部杀死；在镇压地主阶级反抗时，也不分青红皂白，冤杀了一些人；撤离成都时，杀后妃宫女以及那些不愿随其一同撤离的人。此外，在占领区还杀了不少乡绅士子，如顺治二年十二月应张献忠开"特科"前来赴选的进士、举人、贡士，被张献忠称为"谋图不轨"，一次屠杀就达5000人之多。另外，他还杀过医僧、匠役和士卒。大规模杀戮使得上至士绅阶级，下至贩夫走卒之流对张献忠都颇有意见，但张献忠并没有将四川人杀光，而且明朝、清朝政府也在四川杀人，所以四川人口锐减不能完全归咎于张献忠。

在张献忠屠蜀这一问题上，目前仍存在着较大的争议，众说纷纭，各执一词。

张献忠藏银之谜

张献忠在四川留下了许多难解之谜，藏银之谜便是其中之一。张献忠到底有没有藏银？如果张献忠真的在四川留下了宝藏，宝藏在何处呢？

崇祯九年，张献忠率军转战鄂皖等地，但连遭失利，退走湖广一带山区。为保存实力，十一年接受明廷招抚。次年，再度起兵，威名大震。明廷派兵部尚书杨嗣昌督师围剿，但被张献忠突围成功。随后，张献忠率军

张献忠的军营铜印 这是张献忠的大西政权在成都铸造颁发的军营铜印。印面篆刻"骁右营总兵关防",印背右侧阴刻楷书,左侧亦刻有楷书。

由湖广进入四川。入川后,足迹几乎踏遍全蜀。十四年二月,张献忠率军出川入楚,进入极盛时期。十七年,张献忠在成都建立大西政权,自称大西王,年号大顺。但大西政权并不稳固,很快便遭到当地明朝官吏和地主、士绅武装的攻击,再加上由陕南入川的清军的攻打,顺治三年(1646),清军攻占四川,张献忠战死,起事失败。

据明朝史书记载,张献忠有"放火"的嗜好。他曾一把大火烧掉了朱元璋的祖坟,并在弃川北上时下令焚毁成都古城。除这一"爱好"之外,他还喜欢"抢劫"——专抢巨室豪富、达官贵人。如《甲申朝小记》中记述张献忠仅在武昌楚王的府邸中,就获取了"辇载不尽"的财宝。另外,他还从重庆瑞王朱常浩、太平王朱至渌、襄阳王、成都蜀王等藩王处以及地方府库中获得巨额财富。据说在大西国成立之初,张献忠把他在战争中获得的奇珍异宝,特别是明成都皇室成员宝库中的金银财宝,在皇城举办斗宝大会,24间房子摆满奇珍异宝、金器银锭。经过多年的抢劫,积聚起来的财富,即使是崇祯皇帝和他相比也只能算是"小户"而已。张献忠获取这些财宝后,将其中的一部分应用到军事上,一部分铸成了"大顺通宝",作为货币流通,在大西政权内使用,其余的则藏在府库中,留作备用。但这些藏在府库中的宝藏,在张献忠撤离成都之时却消失了。对于金银财宝的去向,史书有着不同的记载,不过锦江藏银一说似乎成为公论。在《明史·张献忠传》、张邦伸的《锦里新法》、彭遵泗的《蜀碧》以及彭孙贻的《平寇志》等史书中均有类似的记载,再加上民间许多神乎其神的传说,张献忠藏银之说好像变得毋庸置疑了。

很多人对此说法深信不疑,并身体力行,特别是锦江之滨的众多寻宝者,几百年来苦苦寻觅着。最早动手的是张献忠的死对头杨展,他派手下沿江打捞和挖掘。据《锦里新编·杨展》记载,杨展用获取的金银财宝来犒劳军队,因此比其他将领要富裕很多。可见,杨展虽未找到主要的埋藏点,但也获得了不少的财宝。杨展的先拔头筹,使得其他寻宝者坐立不安,肃亲王豪格一面严刑拷打被俘的义军将士,试图从他们的口中得到信息,一面派人四处寻觅,但最终未果,后世的一次次寻觅活动也都以失败而告终。咸丰三年(1853),咸丰皇帝为了缓解因镇压太平天国而造成的财政危机,决定悉心访察,博采舆论,但这次精心组织的寻宝之行,最终仍逃脱不了失败的命运。寻宝之旅一直在延续着,但无果而终的局面也渐渐地冲淡了人们的热情。延至近代,锦江底所藏的金银财宝逐渐为人所淡忘。

正当锦江的藏银为世人所淡忘之时,20世纪70年代的两次意外发现又勾起了人们的无限遐想。1975年在成都市望江公园附近的锦江岸边,发现了一批刻有"大顺通宝"字样的钱币;1976年在成都市南郊的农田中,又发现两处窖藏，里面也藏有"大顺通宝"，大概有百余斤。这两次意外的发现，使人们本已平静的心又激动起来，开始了新一轮的寻宝历程。但是当人们进一步探寻时，结果却一无所获，好像老天爷在冥冥之中捉弄人们似的。锦江藏银更加神秘了。

1984年在绵阳市郊的一个工地上偶然发掘到一座墓葬，出土了玉圈、玉戒指等珍贵葬品，其中有两个金戒指上镌有"大顺赤金"字样。有史家推测，这批宝物可能是张献忠撤出成都时随身携带的宝物中的一小部分，并且他们还进一步推测，张献忠还将这批宝物沿撤退路线作了埋藏，绵阳、盐亭、西充等地都有可能是其埋藏地点。而专家们的推测在地方志中得到了进一步的验证。据绵阳地方志的记载，绵阳皂角铺苟克孝父子是当地有名的金工，曾为大顺政权炼过金。至于这个推测能否站得住脚，还得依靠考古学家的进一步考证。

但是一些史学家却认为张献忠藏银一事纯属无稽之谈。他们的理由是：第一，张献忠以及大顺政权在内外交困的处境下，根本没有闲心去炼金藏宝；第二，以上发现的张献忠所铸钱币是当地百姓埋下的，据他们推测，张献忠失败后，当地百姓害怕因收藏"贼钱"而引起不必要的麻烦，因此只好将其沉江或者埋于地下。日久，也就成为无主之物了。

张献忠究竟有没有藏银？一直到现在也没有定论。近几年，一直有专家在积极努力探索。前不久，四川省的一知名专家经过考察论证，认为川江中有历史沉银。这位专家曾于1993年秋冬季前往考察时，获悉1990年8月左右，一名叫邬长福的渔民网得大小银锭各一，大的近1.5公斤，小的0.05公斤；1992年2月，某厂工人黄娃捞得一银锭；1991年12月中旬，修农机站的村民在河边泥中发现明朝翘角银锭2枚，各1.85公斤，银上有"闵杰"二字。相信不久的将来，我们的专家一定会揭开宝藏之谜。

崇祯皇帝死地之谜

北京景山公园内东边山坡上以前曾有一棵古槐，相传是明朝末代皇帝朱由检自缢的地方，这棵树后来在"文革"浩劫之中被砍掉了。现在公认的说法是，李自成率农民军攻入北京后，崇祯皇帝仓皇出逃，在煤山东麓的一棵槐树上上吊自杀。煤山就是今天的景山，但是有关崇祯自缢的具体地点，历来说法不一。崇祯帝究竟死于何处呢？

崇祯皇帝自杀的过程，史书上有详细的记录。据载崇祯十七年（1644）三月十九日中午，李自成率领农民军攻入北京，宣告了明王朝的覆灭。攻入北京的农民军直扑皇宫，对于他们来说，还有一件重要的事情要做，那就是擒获崇祯皇帝，为自己的造反行动划上一个圆满的句号。然而，农民军搜遍皇宫却没有找到崇祯皇帝，拷问宫中的宫女、太监，也毫无结果，崇祯皇帝就这样失踪了。对于李自成来说，虽然他已经坐在了崇祯皇帝的龙椅之上，但崇祯皇帝下落不明依然是他的一块心病，要知道，如果崇祯皇帝逃出北京城，以他对明朝残余力量的号召力，依然会对农民军造成极大的威胁，因此李自成自然是不能容忍崇祯皇帝生不见人、死不见尸的局面。于是李自成下令悬重赏，称凡是能够交出崇祯皇帝的人可得万金之赏，并可晋封为伯爵；而如果有人胆敢帮助藏匿，则要诛灭九族。到了二十二日，农民军在煤山上发现了几具自缢的尸体。据赵士锦《甲申纪事》说，起义军先是发现崇祯皇帝在煤山的松树（有些史书上称是槐树）下遗落的弓箭，然后就看到与太监王承恩对面而自缢的人，左手上写着"天子"二字，身穿蓝绸道袍、红裤，一只脚穿鞋，一只脚没有鞋子，头发散乱开来。经过宫中太监的辨认，确认此人正是崇祯皇帝。

有关崇祯自缢在煤山槐树上的记载，李清的《三垣笔记》中叙述最详尽而生动。据载崇祯帝在自杀之前，还曾召集在宫中的妃嫔、皇子、公主等人，与众人对饮，然后在快三更天的时候，拔出自己的佩剑，让众人都自尽，以免落入起义军手中。于是皇后先投缳自尽，之后其余的妃子或用剑自杀，或被崇祯亲自砍死，连他最疼爱的长女长平公主也被崇祯帝用剑砍断右臂，但倒地未死。然后，崇祯皇帝与王承恩一起带着宫内太监数十人，企图出城逃走，但没有成功。走投无路之际，只得重回宫中，最后在煤山古槐树下自杀身亡。据说这株老槐树还因此惹上了灾祸，清军入关后为崇祯皇帝发丧，并称这株古槐树有弑君之罪，于是下令以铁索环绕树身，以示惩罚。结果古槐树就这样戴了近300年的铁索，直到建国后才恢复自由之身。然而古槐树的厄运并没有结束，"文化大革命"期间，一些造反派以古槐树与封建皇帝有牵连为由，将古槐树砍翻在地，可怜的古槐树就此成为这些"革命"小将的手下冤魂。

然而，对于崇祯皇帝吊死于煤山古槐树的说法，学者们历来有着不同的看法。有人提出疑问，认为煤山本来就是皇室内苑，如果崇祯皇帝就吊死在煤山山坡那样明显的地方，怎么会搜寻三天才发现呢？据此有人就提出说崇祯吊死在煤山槐树上是不确切的。

考《明史》中的《李自成传》和《王承恩传》及《明季北略》等各种史书证实，崇祯帝不是缢死在槐树上，而是自缢在"寿皇亭"中。当时的具体经过大体是：天还未亮时，皇帝在宫中前殿召集文武百官，却没有一人来，于是崇祯皇帝就遣散宫内的人员，和亲信太监王承恩一起登上万岁山即煤山的寿皇亭中。这个亭子刚建成，是为了检阅禁军操练而专门建的。走投无路的二人最后一同吊死在寿皇亭中。有关更详细的细节，各种记载中也略有不同，如《明季北略》中说二人吊死在亭下的海棠树下。

但是对于寿皇亭，也有人表示怀疑，并作了考证，认为明朝景山并无寿皇亭的称呼，只有一个寿皇殿在山后（即今天的北京少年宫），而这个地方与史书记载的崇祯自缢之处相距很远。并且有人撰文提出，在景山之上，明朝并没有建筑，今天留下的五个亭子都是在清代乾隆时建的，因此这一记载是不确切的。在明末亲历甲申之变的钱昺所著《甲申传信录》中还发现有这样的记载，说崇祯皇帝易袍履后与王承恩走到万寿山，在巾帽局里自缢而死，死于夜里子时。后人认为这一记载很符合崇祯皇帝在农民起义的浪潮中走上自戕之路的心理变化过程，因为崇祯皇帝一向刚愎自用，他的性格决定了他不会投降，也不会轻易去死的。所以他在京城旦夕可破之时——三月十八日取太监衣帽化装后，企图从崇文门、正阳

明思宗朱由检

门、朝阳门、安定门等处逃跑，皆因守门士兵不知他是皇帝而被阻。逃跑不成，崇祯皇帝才在太监的陪同下跑到了巾帽局自缢。这个巾帽局是明朝宦官掌管的二十四衙门之一，专管宫内的靴帽制作，地处皇城东北角，是皇城内较偏僻的地方（在今北京东城区织染局胡同东端）。

除了上述这些说法之外，还有一些不同的看法。黄云眉在《明史考证》中提出崇祯皇帝死于万岁山。万岁山，金人称为琼花岛，是元代至元四年筑的宫城，山在禁中，遂赐今名，就是今天北海的白塔山。《明亡述略》则说崇祯皇帝死于西山。而俞平伯在《崇祯吊死在哪里？》一文中引用西方作家邓尼在《一代的伟人》中记载明崇祯皇帝砍伤长平公主事后则说，崇祯帝当时精神已经有些错乱，他出了宫廷后爬上煤山，在那里查看外国来的大炮，还给李自成写了血书，要求他不要欺压百姓，不要用那些背叛了的官僚，然后在看管园子人所住的小屋椽子上吊死了。

综合上述各种说法，关于崇祯皇帝之死的经过基本一致，所不同的只是自缢的详细地点，一说自缢于煤山树下，一说自缢于山亭中，一说自缢于北海的白塔山，一说自缢于西山，一说自缢于巾帽局，一说自缢于管园人的小屋中。根据目前公认的观点，自缢于煤山是比较可信，也合乎情理的，但到底死于什么树下或亭子里，这就难以查证了。

懿安皇后下落之谜

明朝朱元璋登基伊始，首先做的一件事就是令翰林院修订皇室家法，规定后宫、宦官不得干预朝政。可是在明朝历史上，后宫内却有一个女子，恰恰与祖训背道而驰，干预起朝政来。但是世人并没有唾弃她，反而

给予她很高的赞誉，一些史书的记载就是最好的证明。有史书记载，农民起义军攻破北京城时，这个女子在宫中被俘，后被义军将领李岩派人遣送回河南，这个女子就是懿安皇后。对于上述记载，一些人也表示出了不同的声音，有的说她在起义军攻入北京城时迎降了，有的则说她自缢了，诸如此类的说法还有很多。关于懿安皇后的下落，一直以来是个未解之谜。

这个懿安皇后究竟是何许人呢？她是明熹宗朱由校的皇后。天启元年二月三日，即位不久的熹宗大婚，纳祥符县张国纪女为中宫，并于四月正式册立，这就是后来的懿安皇后。懿安皇后性情颇为严正，在明朝后期混乱的局势中，她始终能保持清醒的头脑。自从她入宫后，就十分厌恶魏忠贤和客氏等人。一次，召客氏入宫，欲将其绳之以法。此事让魏忠贤和客氏十分害怕，他们也在寻觅各种机会陷害懿安皇后。他们到处散布谣言，说懿安皇后不是张国纪的女儿，而是盗犯孙二的女儿，这个孙二犯有死刑，因此就将女儿托付给生员张国纪抚养。一时间，懿安皇后是盗犯之女一说传遍整个宫廷，一些人乘机兴风作浪，幸好明熹宗念结发之情，没有将皇后问罪。一次，熹宗去见皇后，见桌上有一本书，便问："看什么书呢？"张皇后说："《赵高传》。"懿安皇后此举自然有其用意，她是想用赵高来比喻魏忠贤，从而提醒熹宗。

天启七年六月，熹宗病倒，随着病情日渐加重，京城中纷纷传言魏忠贤即将篡位，懿安皇后十分担心魏党会对熹宗暗下毒手，于是她日夜守候在熹宗病榻前，每逢进药，必先亲口尝尝。可是到了七月底，熹宗的病情却无任何好转迹象。这时懿安皇后更加焦虑了，害怕皇位被魏忠贤等人篡夺。一天，她悄悄问熹宗，在他百年之后，何人继承帝位。熹宗当即表示，由其五弟信王朱由检继承，懿安皇后立即找来信王，兄弟二人相见后，熹宗嘱咐信王要好好照顾嫂子，并希望他继承皇位后要有所作为，成为像尧、舜一样贤明的君主。

八月二十二日，熹宗驾崩。魏忠贤等人欲图谋不轨，阻止信王继位。但在张皇后的帮助下，信王最终入继大统，即崇祯帝。由于张皇后在崇祯帝即位事情上出力颇多，崇祯对其十分感激，特上尊号为懿安皇后，将她奉养在宫中。但是好景不长，李自成率起义军攻破北京城，崇祯帝自缢于煤山。这时，本该在宫中颐养天年的懿安皇后却下落不明了。这便引起明清之际众多史家和史书记述者的猜疑。在众多记载中，持"自缢"一说的最多。不过关于懿安皇后自缢一说，仍存在着分歧。一些史书记载，懿安皇后是在宫中自缢的。当起义军攻入京城后，"宫中鼎沸，后闻变自缢"。贺宿所著的《懿安事略》以及纳兰性德的《渌水亭杂识》均持此说，他们的史料来源主要出自宦官王永寿之口。

另外，一些史书提及，曾有人看到懿安皇后死于宫中。如在周同谷的《霜猿集》中记载道："西安张孟坚从贼入宫，亲见后死，曾为予言之。"对于懿安皇后自缢一说，有人则认为懿安皇后是被人义救后自缢的。救懿安皇后的人也有几种说法。第一种说法认为是李岩救的，龚鼎孳《圣后坚贞记》、戴笠《怀陵流寇始终录》卷十七、彭孙贻《平寇志》卷九、王宏《山志》二集卷九、王用章《甲申日记》、吴梅村《绥寇纪略·通城击》等书均记载了李岩保护懿安皇后从容自缢的情况。第二种说法认为懿安皇后为刘宗敏所救，谈迁在《北游录·纪闻》中依据内侍赵璞的说法记载道，当懿安皇后被俘后，刘宗敏对手下将士们说，这是国母，并将其送至外戚张氏家中，但懿安皇后最终还是自缢了。第三种说法并没有点名道姓是谁救了懿安皇后，只是通称为"贼"。

也有史书记载，懿安皇后并没有自缢，而是乔装打扮后逃出皇宫。当起义军攻入北京城后，崇祯皇帝派人到懿安皇后的住所，劝其自裁，但是由于慌乱没有成功，于是懿安皇后用青衣蒙上头，徒步走入成国公府第。有的史书还记载，当李自成大军攻入北京城后，懿安皇后出迎并献上金银财宝，至于迎降后的下落，史书中则没有具体记载，此说在民间流传甚广。

还有一些史书记载懿安皇后是被起义军俘获的。不过这些史书之间也有出入。谈迁在《国榷》中引杨士聪语称，懿安皇后被俘后，受到严刑拷打并被追问金银财宝的下落。俞樾《壶东漫录》引王源《居业堂集》称，懿安皇后被俘后立即被杀。王源在《居业堂集》中谈到，当赵文军攻克北京后，河南尉氏人王大本与其他四人共同俘获懿安皇后，有人对皇后不逊，王大本大怒："这是一代国母，怎能胡来？"当即抽刀将皇后杀死，使其虽死却未受辱。

懿安皇后的下落究竟何如？至今仍是一个未解之谜。

崇祯太子下落之谜

李自成率领的农民起义军攻占北京外城后，崇祯眼看无力回天，就下令后宫的嫔妃自尽，以免落到起义军手中，他亲手剑砍袁妃、长平公主，并紧急召来太子。当时太子才16岁，崇祯命他逃出北京，他自己则与宫内太监王承恩一起登上煤山上吊自杀。经过了明清更替的大动荡，崇祯太子最终下落不明，后又于清朝初期几次出现，难辨真假，南明小朝廷的弘光时期以及清顺治、康熙时期都曾因为太子案，很多人受到株连被杀。太子案一直到康熙四十七年才渐渐平息。太子是否逃匿出宫？逃出宫后究竟逃到了什么地方？最后的下落如何？

明朝的末代皇帝崇祯帝朱由检共有7个儿子，其中4个死得较早，到明

灭亡时，仅剩下周皇后所生的太子慈烺、定王慈炯（或作慈灿）和田妃所生永王慈焕（或作慈焕）。慈烺1629年生，是崇祯的长子，于崇祯三年（1630）被立为皇太子。《明史纪事本末》中称，李自成攻下北京城后，太子慈烺与定王慈炯、永王慈焕一起被起义军所俘获。后来吴三桂引清兵入关，李自成率军与吴三桂对战，当时曾挟持太子与二王一起前去。据说，当战局不利的时候，李自成挟太子一起登上高岗观战。后来，李自成不敌战败，就与吴三桂议和，吴三桂提出用归还太子与二王并离开北京城为条件，换取停战。李自成同意了，就将太子等人交给了吴三桂。这样说来，太子就落入了吴三桂的手中。据此，有人提出，太子已经遇害。这一说法在后来的其他史书中也得到了证实。《石匮书后集》中的《烈帝本纪》及《太子本纪》记载，在李自成战败后，太子趁机逃脱，被吴三桂部下捕获，但不知道他是太子，就命他负责喂马两个月，之后太子又逃出，藏在老百姓家里，后投奔外舅周奎家，周奎担心私藏太子会惹来祸端，就将太子献给了清摄政王多尔衮，经过一番辨认，最终被害。这里所不同的是，太子并不是被李自成交给了吴三桂，而是在乱军之中被吴三桂军所获。同样，有关这一说法的细节叙述，各家也不太一致。据《国寿录·崇祯太子》中的记载，太子出逃后，先是被卖豆腐的老婆婆发现后收留下来，当知道他是太子时，就让他隐姓埋名住了三个月，因为贫困负担不起，之后被送往周奎处，以下则相同。《甲申传信录》等书中也有比较类似的记述。这些说法都认为太子最终被清廷抓获，然后遇害。

说到太子后来被杀的过程，《石匮书后集》中的记载充满波折。据说，太子被送交清廷后，老百姓听说明朝太子还活着，就纷纷前去探望，多尔衮担心会引起明朝官民的反抗，就宣称太子未必是真的，同时安排人进行辨认，并事先做了些准备，所以，太子以前的老师谢升、周奎等人迫于压力，不敢承认是真太子，但有个叫钱凤览的官员却坚持说太子是真的。但无论是真是假，清廷都不会容许的，最终太子和钱凤览都被杀害。另外还有人提出，李自成攻下北京后，下令搜索太子，太监栗宗周将太子献出，李自成就把太子幽禁于刘宗敏家里。后来卫士私下将太子放出，来到南明小朝廷——南京，清兵攻入南京后，太子被人献出而遇害。

但是，对太子被杀一说，有人提出不同的看法，认为太子仍然活着，因为据《明季遗闻》描述，在李自成战败向西逃走的时候，有人看到李带着太子和二王一起走的。对《明季遗闻》的作者邹流绮，有人做了考证，发现他是清朝顺治时人，他在书的《自序》中提到此书完成于顺治十四年（1657），那么他生活的年代距离明末的甲申之变仅仅10年左右，而且本书的写作又是在父辈记载的基础上完成的，因此认为邹流绮很有可能是甲申之变的目击者。这一提法也有一定的可靠性，因为在后来编修的《明史》中就采纳了邹的说法，认为

大明王朝历史之谜

当时交给吴三桂的太子是假的，真太子始终留在李自成营中。

如果太子确实未落入清廷手中，那么随李自成西行之后，太子的下落究竟如何呢？由于此后的历史记载中再也没有说明，所以，从吴三桂营中出逃的太子的去向就成了明末清初的一大议论热点。《明季太略·太子一案》中说，太子后来被人带到皇姑寺藏了起来，又和太监高起一起潜逃到天津，然后像传言中的建文帝一样，出海南下，不知所终。《野史无文》则记载太子曾逃往南京的南明小朝廷，清兵攻陷南京后，他被人献出后被带往北方，不知所终，有的说是被杀了。还有的说，明末清初兵荒马乱的，太子后来死于乱军之中。但这些说法均无证据证实。就像前面提到，单是崇祯太子遇害于清朝刑部的说法，就有很多版本，所以太子的下落始终是个谜团。

到了南明小朝廷弘光朝时，发生了王之明假冒太子一案，引起全国轰动，使得本已扑朔迷离的太子下落一事更加错综复杂。根据邹流绮的记载，弘光朝时的一天，有个官员突然秘密奏报，说有人发现太子在浙江出现。之后此人就被带到南京辨认真假，找了一些熟悉太子的人在朝堂之上进行了一番对证，结果发现，这个人对于太子曾经历过的重大事件一无所知。最后，经过反复的审问，这个人才承认是高阳人王之明，是假冒的太子。假太子案引发了马士英与黄得功、左良玉、何腾蛟等人之间的争权夺利，加速了明王朝残存势力内部的分裂。清康熙时期有人借崇祯太子之名举行反清起义，牵连并死了很多人，结果也被证实是假的。

后来，随着清朝统治的巩固，有关崇祯太子下落的讨论就成了一个禁区，而且随着时间的推移，人们更加难以作出定论，这一话题渐渐沉寂了下去。直到辛亥革命后，民国建立，没有了政治的压力，有关明末崇祯太子的下落在广东梅县地区又成为了人们谈论的一个话题。原来，长期以来，在这一地区都流传着这样一个故事，说在明亡以后，嘉应州（今梅县地区）的阴那山灵光寺有一个和尚十分特别，他的法号是"夆"（音huò），死后一直被当地人供奉为"太子菩萨"。有人认为这就是当年下落不明的崇祯太子。经过学者考证，他是被担任过太子侍读的李士淳带到了这一地区的。李士淳在明末也被李自成起义军所俘获，与太子在一起，并且李士淳受到了起义军的很好的待遇，并未被关起来，是很有可能助太子逃出去的。当地的《嘉应州志》、《程乡里志》、李士淳本人所编的《阴那山志》及一些民间传说都可以证明，李士淳确曾被李自成俘虏，而且被封过官。根据这一说法，太子最终出家为僧，可以很明显地看到受建文帝下落的影响。

总体说来，崇祯太子的下落已经成为一个千古之谜，之所以会出现这么多不同的说法，如同建文帝的下落之谜一样，在某种程度上是明末清初对恢复明王朝正统统治心存幻想的士子文人们的一种希望。

南明弘光帝亲审太子之谜

明朝灭亡后，一些大臣在南京又建立了一个小朝廷，后世称之为"南明"，即位的皇帝是宗室朱由崧。不久，一个自称是崇祯太子的年轻人来到了南京，使朱由崧神经高度紧张，因为他的皇帝宝座就要不保。于是一场接一场一定要把这个年轻人说成是假太子的审问开场了。

当李自成农民起义军进入北京城后，崇祯帝杀妻砍女，并且召来了自己的儿子让他们各自逃命。随着崇祯帝在煤山老槐树上吊死，统治了中国277年的明王朝宣告灭亡。

崇祯帝自杀的消息传到陪都南京，城中官员一片慌乱。一些臣僚为再树明帜，商议拥立新君。当时思宗的从兄福王朱由崧与从父潞王朱常淓正避难于淮安。按世系序次，福王当立，但福王为人昏庸。凤阳总督马士英认为福王易于控制，遂联合刘孔昭等，力主拥戴福王。翰林院詹事姜日广等人认为福王品行不端，不宜拥立，主张立较贤明的潞王。双方相持不下，各请兵部尚书史可法定夺。

史可法到南京后，提出福王有七不可立：贪、淫、酗酒、不孝、虐下、不读、干预有司，他也主张立潞王。马士英闻讯，立即密约江北各总兵，致书南京诸大臣，说已传令将士奉福王到南京即位。马士英等握有兵权，声势较大，在既成事实面前，史可法无奈地同意了。

五月初一，福王至南京，百官入贺。史可法提出，崇祯太子存亡未卜，如果现在称帝，太子一旦南来，打算怎么办？他不主张福王马上称帝。五月四日，福王上监国之位，建南明政权。十天后，福王改即帝位，以是年为弘光元年，史称南明弘光政权，福王为弘光帝。

弘光政权建立后，极为腐败。他们天真地幻想清兵在消灭李自成后能停止南侵，并且派使携带大量金银去酬谢清军。弘光皇帝不理朝政，天天在宫里纵情声色，只知道在民间选择淑女供自己享受。

根据《明季遗闻》等书记载，1645年初，有一少年从北方南来，经南京至杭州，住进了南明鸿胪寺少卿高梦箕的侄子高成的家中，自称是崇祯太子朱慈烺。高梦箕不敢隐瞒，密奏弘光帝和大学士马士英。弘光帝得知消息后，慌张不安，他虽然昏庸，但知道自己的皇位是怎么得来的，如果真的太子来了，必定会危及自己的皇帝宝座。于是命太监李继周将少年迎到南京。

李继周在金华见到了太子，太子说："朱由崧想把皇位让给我吗？"李不知道如何回答才好。太监前来迎太子，顿时在金华传开，许多官员纷纷前去参见太子，一路上招待太子的官员接踵而至。太子到南京后，先被安置在兴善寺。弘光帝十分忧虑，不知该如何处理这件事。他先派两个原在北京皇宫里当差的太监前去观察动静，想不到两人一见太子就大哭起来。见太子衣衫单薄，就把自己身上的衣服脱下披在太子身上。太监一回来，就遭到弘光帝一顿臭骂："太子是真是假都难搞清，就把他当成皇帝看待。就是真太子，我也不会让位的。"两个太监和李继周都被秘密处死。

太子到来的消息传到民间，引起轰动。南京百姓争相要一睹太子的风采，官员们也想先见上太子一面，将来能有个升迁的好机会。弘光帝一看此事已无法禁止，就传旨太子的身份必须确认后才能见百官，把太子关进了大狱。

兵部有个官员上奏说，他知道此太子的底细。此人名叫王子明，高阳人，是驸马都尉王昺的侄孙，外貌酷似太子。北京陷落后南奔，遇见高梦箕家人穆虎，是穆虎让他假冒太子来到南明的。弘光帝一听，激动万分，因为太子是假的，他的皇位就不会出现任何动摇的可能。他马上传旨要亲自审讯太子，这时他也有胆量让见过太子的官员前来辨认。曾教太子读书的刘正宗和李景濂被召到武英殿密谈，在一番晓之以情动之以理后，刘正宗马上表态："听说太子已经死了，这个冒出来的太子我一定能够看出点问题的。"

大明门辨认正式开始。刘正宗拿出地图问图上的承华殿和坤宁宫是什么场所，想不到太子一一回答，说是自己的东宫和皇后的住所。接着刘正宗问自己以前教的课目，太子对答如流。问题问了一个又一个，都没有问倒太子。太子笑着说："如果你以为我是假的，我就算是假的。我本来就不想来争皇位，是皇伯让人接我到京的。"刘正宗知道也问不出名堂，最后对弘光帝说："样子很像太子，但回答的问题都不对。"

有个姓苏的太监忽然记起太子的胫骨上有个特别的记号，一看就知是真假，连忙向弘光帝报告。这下弘光帝就不敢让人看了，万一是真的，就很难收场了，与马士英一商量觉得还是让人辨认比较好。他们想到了被关在监狱里的方拱干，方当年曾为太子讲过一段时间的课，如果他说不是，就很有权威了。

三月初八，刑部会审太子，方拱干前去辨认。审问官让太子跪下，太子不答应。一个官员指着方拱干问太子这个人是谁？太子说是方先生。方拱干一见太子，既不敢说是假的，也不敢说是真的，因为这个人太像太子了，真假实在难辨。一个官员见到辨认失败，干脆直截了当地说："你不是太子，你真名叫王子明。"太子说："我又没有自吹自己是太子，你们不想认也就算了，你们一年前不就是站在我父皇的朝廷上吗，如今为什么这样健忘，连一个人也不相认了。"大臣们被他讲得哑口无言。最后内阁官员王铎说："太子肯定是假的，不要再审了。"

这时，百姓间流传开来了马士英和王铎要杀太子的消息，一些大臣纷纷上疏责问。将军黄得功说："假冒太子的结论是官员奉承皇帝的结果。是谁下结论认为太子是假的？依据是什么？应该向天下百姓交待清楚。先帝的儿子，也是陛下的儿子，怎能关进大狱？"

弘光帝看了奏本，气得要死，下旨烧掉黄得功的奏本，但迫于舆论只能再审太子。

这次的审问官员是左都御史李沾。李沾事先让人告诉太子，要他自认是王子明。开审时，李沾直呼王子明，太子不应。李沾命人上刑罚，太子痛得大呼小叫。当年东宫伴读的丘致中实在看不下去了，抱着受刑的太子大哭，当即被关入大狱。

外面舆论越传越厉害，南明一些大臣对这件事也十分关注。弘光帝无奈之下只能作出对北来之人"好生护养"、"勿骤加刑"，待正告天下后再行申法的决定。太子案真假还未来得及搞清楚，南明小朝廷出问题了。先是驻守在江北前线的四镇总兵为争夺地盘互相开战，接着驻武昌的左良玉部以奉太子密诏"清君侧"为名起兵，直指南京。弘光帝、马士英急调各部入卫南京，无暇再理此案，使太子案不了了之。

五月十日，清军渡江，弘光帝、马士英连夜逃出南京。混乱中，有人拥太子登武英殿，群呼万岁。清军入南京，太子不知去向，有人说被清军俘虏，有人说在乱军中被杀。太子是真是假？当代有很多人进行了考证，有人说是伪太子，也有人说是真太子，双方各说各的理由。其实，太子的真假不要说今天我们难以知道，就连当时的人们也无法搞清，这早已是一个千古历史之谜。

李自成生死之谜

1644年，"闯王"李自成攻入北京，山穷水尽的崇祯皇帝自杀身亡，李自成如愿坐上了皇帝的宝座，一切似乎都在按设想中的进程顺利进行。然而，吴三桂在山海关"冲冠一怒为红颜"改变了这一切，功败垂成的李自成仓皇逃离北京，在清军的追击下一路狂奔，不久便传出在九宫山遇害的消息。然而，有关李自成最后归宿的争论在历史上从来没有停息过。李自成是战死沙场，还是削发为僧？死于何时何地？自清初到现在，数百年来，因官私史乘、谱牒、方志所记人各异词，有的说他是自杀，有的说他是遇害，有的说他是禅隐老死。死地也有湖北、湖南、山西、江西、贵州等几种说法。

有关李自成归宿的各种说法有十余种之多，但归纳起来看，影响比较大的主要是两种：一是李自成死于败乱之中；二是李自成兵败后削发为僧，禅隐若干年后圆寂。

据此关于李自成死亡的时间和地点也就主要趋向两种说法：一是说顺治二年（1645）死于湖北通山九宫山，另一说是康熙十三年（1674）死于湖南石门夹山。事实真相究竟如何，一直到现在仍争议很大，没有定论。

李自成

李自成在顺治二年死于九宫山的最早记录是清朝将领阿济格向清廷的奏报和南明兵部尚书何腾蛟给唐王的奏报。阿济格是追击李自成到通山九宫山下的清军统帅，在顺治二年闰六月的奏报中，阿济格称"有降将及被擒贼兵，俱言自成窜走时，携随身步卒仅二十人，为村民所困不能脱，遂自缢死。因遭素认自成者，往认其尸，尸朽莫辨。或存或亡，俟就彼再行察访。"南明何腾蛟曾两次向唐王奏报。他的第一次奏报说，"斩自成于九宫山"，因长沙府通判周二南死，失首级。在第二次所上的《逆闯伏诛疏》中何又说："李万岁爷被乡兵杀于马下，二十八骑无一存者，一时贼党闻之满营聚哭。"这是依据归附何腾蛟的原李自成部下张双喜、刘何当的口述奏报的。

此后，很多记载均认为李自成是在九宫山被地主武装杀害的。费密在《荒书》对李自成被杀的经过有着很详细的记述："李自成独行到牛迹岭，遇大雨，山民程九伯者下，与自成手搏，遂辗转泥淖中……九伯呼救甚急，其甥金姓者以铲杀自成。"在正史以及地方史乘中也有类似的具体记载，如《明史》《小腆纪年》《南疆逸史》《湖广通志》《武昌府志》以及《通山县志》等。特别是后来《朱氏宗谱》《程氏宗谱》的新发现，更增加了这一说法的可信程度。建国后的众多史学家如郭沫若、李文治等人均赞成此说。一时之间，李自成死于湖北通山九宫山说几乎成为定论。

但此论盛行不久后，一些人指出此说存在着许多可疑之处。疑点主要有：首先，他们对通山九宫山一说追本溯源，最早对李自成死讯进行记录的是阿济格和何腾蛟，而二人当时并没有亲眼见李自成的尸首，只是在奏报上提到"尸朽莫辨"，他们的消息来源主要是从降兵和降将那里得到的，连阿济格自己也不能肯定，称要再行察访，因此当时在明廷和清廷内部有很多人质疑消息的可靠性。事实上，阿济格因迟迟交不上李自成首级而遭到上司的严加斥责，何腾蛟也因此被冠以"谎报战功"的罪名，最终被撤职。可见当时清政府和南明小朝廷都没有确认李自成的死亡。另外，如果李自成真的死于九宫山乡民之手，当时在九宫山的李自成部队还有10万之众，一定不会放过九宫山的乡民，但史书并没有此类记载。最令人费解的是像李自成这样一位极具影响的重要人物，他的死亡竟然在朝廷的残档、朱批"红本"中都无记载。而通山九宫山说的另一"力证"《程氏宗谱》《朱氏宗谱》都纂修于民国年间，所述当年之事并不可确信。

随着考古不断有新的发现，一些人提出李自成在夹山出家为僧之说。这一

释迦米色釉瓷像

说法的依据主要是何璘所撰写的《书李自成传后》和在夹山出土的一些文物。何璘曾到实地进行考察，据山上一位老僧介绍，夹山灵泉寺早年有过一位古怪的和尚，号"奉天玉和尚"，他就曾服侍过。据他说，奉天玉和尚是顺治初年来寺的，说话是陕西口音，并取出一幅奉天玉和尚画像，何璘发现画中的和尚与书中所记李自成长相颇为相似，加上奉天玉和尚的法号和李自成的"奉天王"称谓只相差一点，极有可能是故意避讳的，因此他认为这个所谓的"奉天玉和尚"有可能就是李自成，也就是说李自成兵败后最终遁迹湖南石门的夹山灵泉寺，削发为僧。

在夹山附近出土的文物，更是为夹山一说提供了最有力的证据。在澧州发现奉天玉和尚的墓地中出土了与米脂县地方传统内容十分相近的随葬符碑，此外还在夹山附近出土了"永昌通宝"铜币和刻有"永昌元年"字样的竹制扇骨、铜制熏炉等。"永昌"是李自成在西安建立大顺政权时的年号。更引起人们注意的，是一个铸有隶书阳文"西安王"字样的铜制马铃。这和李自成家乡陕西米脂县出土的、上面铸有"自成王"字样的马铃，形制相同，字样一样，花纹相似。这一切都表明夹山地区与李自成存在着某种联系。此外，有学者还认为当年服侍奉天玉和尚的弟子野拂是李自成义军中的将领，即李自成的侄儿李过，这也证明了李自成在夹山出家的可信性。此外，夹山现存的三块石碑和出现的诗集《梅花百韵》也被认为与李自成有关。

但此说也遭到了通山九宫山说者的质疑，认为这一说法存在着诸多硬伤。首先，他们提出何璘所述并不可靠，如奉天玉画像，其实与史书并不一致。《明史》称李自成"状貌狰狞"，且崇祯十四年（1641）李自成在作战时左目中矢，因此当时被称做"瞎贼"。而画像中的和尚左目未眇，老僧在叙述中也没有提及他眼瞎，可见与李自成无关。其次，夹山现存的三块石碑，并不能证明李自成终于夹山，而只能证明确有奉天玉其人，另外仅凭《梅花集韵》诗集中个别诗句的口气，无法判断诗作者就是李自成。第三，湖南大学者王夫之与李自成是同时代的人，他撰写的《永历实录》所记李自成至九宫山"为土人所杀"有很大的权威性。同时《程氏宗谱》尽管出于民国，但关于程九伯杀害李自成之事是依据旧谱转录的，绝不可能是杜撰，而且该谱与《朱氏宗谱》以及顾炎武的《明季实录》所载一致。

总之，关于李自成逃出北京城后的生死问题一直以来是个谜团，它吸引着众多专家和李自成研究爱好者的注意，至今，各种说法仍争论不休，莫衷一是。

吴三桂降清之谜

　　提起明末的吴三桂，人们会很自然地想起他引清兵入关的史实，他也因此而遗臭万年，成了人们唾弃的卑鄙小人。对于此种结局，吴三桂想必早有心理准备，可是他为何甘冒身败名裂之险，投降清军呢？

　　吴三桂（1612—1678），辽东人，武举出身，以父荫袭职军官，明末任辽东总兵，驻守宁远。崇祯十七年（1644）三月初，李自成率领大顺军逼近畿辅，明廷诏令吴三桂与蓟镇总兵唐通率兵入卫京师。三月十一日，大顺军进抵居庸关，唐通投降。此时，吴三桂率辽东明军约4万人及八九万关外汉民陆续进关，暂屯于山海关至滦县、昌黎、乐亭、开平一带。李自成于是命唐通率本部兵马，带着银两和财物，到山海关去招降吴三桂和山海关总兵高第。此时，明朝眼看即将灭亡，明廷的大臣们都在积极寻求出路，其中投降大顺是一条最简捷的出路，因为这并不违反礼教。改朝换代，自古亦然。既然明太祖贫僧一名可做真命天子，那么李自成这个驿卒又为什么不能做皇帝呢？李自成曾派人给吴三桂送去4个月军粮及白银4万两，并声明"俟立功日升赏"。这对于已缺饷一年多的吴军来说，可谓是雪中送炭。可以说，吴三桂当时确有降大顺之意，但后来吴三桂为何会投降清廷呢？古往今来，人们对此谜团大致有如下几种解释。

　　有不少文人才子和百姓人家相信促使吴三桂降清的原因是为了一个女人——陈圆圆。李自成所率的农民军攻陷京师，明崇祯帝自缢，使得正在赶赴京师途中的吴三桂立刻没了主意，他本来是进京保护皇帝的，可现在皇上突然死了，明朝说完就完了，自己该怎么办呢？这时占领北京的李自成派人给吴三桂捎了话来：如果归降大顺政权，将提供其4个月军粮及白银4万两。吴三桂思前想后，觉得明朝既已灭亡，但自己和所率部众还得生存，因此便打算投降李自成并处理了相关事宜，继续向北京行进。但正在行进途中，有人送来密信一封，告诉吴三桂，其父吴襄被李自成的部将刘宗敏严刑拷打，勒索20万两白银，吴襄已交了白银5万两，但刘宗敏仍不放过他。吴三桂闻听老父遭罪，不禁生出怒气。再读下去，得知自己的爱妾陈圆圆竟被刘宗敏霸占，立刻感到忍无可忍，把李自成派来的两名来使一人斩首，一人割去双耳，并宣布与李自成势不两立。而当时除了李自成的农民军势力，

吴三桂

还有正处于上升趋势的满清势力，舍去了前者，吴三桂自然要投靠后者了，否则他将处于双夹板中，很难生存。

还有一种观点认为吴三桂本意并非降清，而是借清兵来讨伐大顺，从而光复明室。吴三桂离开驻防地，前往北京去保护崇祯皇帝。但行至途中忽闻噩耗，京师已为李自成所占，后又闻知自己的父亲遭大顺将领的严刑拷打，爱妾被大顺将领霸占。国恨家仇坚定了吴三桂讨伐李自成的决心。但鉴于势单力薄，不借助外力难以对付大顺。环顾宇内，当时最具实力、而且可以和大顺军相抗衡的非清兵莫属。于是吴三桂向清兵提出，愿给予其钱物和土地，换取发兵讨伐大顺。然而对满清来说，吴三桂提出的好处不过是蝇头小利，他们的最终目的是入主中原。结果吴三桂本想利用清军，反被多尔衮率领的清军利用。清军乘机入关，而吴三桂的借清兵以伐大顺之设想也成为泡影，只得降清。

也有人认为，吴三桂降清是他审时度势、深思熟虑后所做的决定，并非一时冲动之举。自从李自成的大顺军占领北京、明崇祯帝自缢而亡后，摆在他面前的有三股力量：一，大顺政权；二，满清力量；三，南明朝廷。吴三桂为求自保，必须选择其一。李自成的大顺军人数虽众，但在京城胡作非为甚至骚扰百姓，许多将士对明廷降臣进行拷掠追赃，吴三桂的老父便深受其害。由此可见，大顺政权不懂得与明朝的官僚合作以稳定社会秩序的重要性，发展势态不容乐观，选择投靠大顺政权不是明智之举。南明小朝廷已是丧家之犬，大势已去，重振朱明王朝的雄风万无可能，选择它也是穷途末路。而当时的满清势力却处于上升有序状态，势力颇强。吴三桂考虑再三，最终决定投降满清。

陈圆圆生死之谜

在明清易代之际，大概没有一位女性比陈圆圆更加著名，吴三桂"冲冠一怒为红颜"使得她成为身系一代兴亡的关键人物，引起人们极大的关注。然而，吴三桂山海关起兵以后，陈圆圆却从人们的视野中消失了。她到哪里去了？她的人生之路又是如何？

陈圆圆本名陈沅，是吴三桂的爱姬，以美貌著称。陈圆圆虽然身不由己地被推上明清易代之际政治舞台的风口浪尖，但史籍中对她的记载却并不很多。《明史》《清史稿》中都提到了陈圆圆，但却是一笔带过，只是称吴三桂因为陈圆圆被李自成的大将刘宗敏掠去，愤而起兵与李自成激战山海关，但对陈圆圆的结局并没有提及。

首先提及陈圆圆结局的是《甲申传信录》，该书称李自成进京后，刘宗敏向吴三桂的父亲吴襄索取陈圆圆，吴襄声称陈圆圆已经送到宁远吴三桂处，而且早就死在了宁远。这是有关陈圆圆死亡的最早记载。然而，尽管以后的《国榷》《明季北略》等史籍都采信了《甲申传信录》中陈圆圆到宁远的说法，但都未提到陈圆圆死于宁远，可见当时人们并不认为陈圆圆死于宁远。后来姚雪垠根据此推论陈圆圆崇祯十六年死于宁远，但遭到不少学者的质疑，认为证据不足。可见陈圆圆宁远死亡说的支持者并不多。

如果陈圆圆没有死在宁远，那么她到哪里去了呢？虽然史书中再也找不到陈圆圆的踪迹，但在文人的笔下，陈圆圆却逐渐成为关注的热点。

吴伟业的《圆圆曲》是较早以陈圆圆为主角的作品。作者根据时人的传说，记述了陈圆圆在李自成进京后被李自成所得，后来又复归吴三桂的经过。如此说来，陈圆圆死于宁远的说法似乎是有问题的。《圆圆曲》中还有"专征箫鼓向秦川，金牛道上车千乘，斜谷云深起画楼，散关月落开妆镜"之句，表明吴三桂进攻陕西、四川时，陈圆圆都是与吴三桂在一起的。但对于陈圆圆的最终结局，吴伟业并没有叙及。

康熙年间，陆次云作《圆圆传》，由于当时吴三桂已经在三藩之乱中败亡，作者所述的陈圆圆的故事也涉及到了陈圆圆的最终结局。根据《圆圆传》的记载，陈圆圆在吴三桂受封为平西王后一直与吴三桂在一起，而且深得吴三桂的欢心，甚至吴三桂起兵反叛也是陈圆圆参与策划的。而陈圆圆的结局，则是与吴三桂一起"同归歼灭"。作者虽然没有明言陈圆圆是如何死的，但显然认为陈圆圆死于清军平定三藩之乱的战事之中。这是有关陈圆圆死亡的第二种观点。

然而，在清人钮琇的《圆圆传》中，人们却看到了与陆次云《圆圆传》中完全不同的陈圆圆。按照钮琇的记载，吴三桂晋封平西王后，陈圆圆婉言推辞了王妃之位，独居别院。当吴三桂准备谋反时，有所察觉的陈圆圆便借口年老，向吴三桂请求为女道士，以后便离宫入山，幽居静室，与药炉经卷为伴，晨夕焚修，远离纷争。吴三桂兵败后，陈圆圆不知所终。钮琇在论及陈圆圆结局时写道："其玄机之禅化耶？其红线之仙隐耶？其盼盼之终于燕子楼耶？已不可知。"可见在钮琇看来，陈圆圆的最终结局已经是一个难解之谜了。

还有一种观点认为陈圆圆最终是自杀的。道光年间，大学问家阮元携儿子阮福到云南，阮福沿途考察陈圆圆的遗迹，到商山寺莲花池考察陈圆圆墓，并得以滇中耆老相传的文献，事后作《后圆圆曲》一首，诗中提出陈圆圆在吴三桂起兵失败后在莲花池投水自尽。

近年来，又有一种观点提出，认为陈圆圆死于贵州岑巩县马家寨，葬于寨边的狮子山上，而马家寨的吴氏家族正是陈圆圆之子吴启华的后代，狮子山上除陈圆圆的墓外，还有吴启华和吴三桂大将马宝的墓。

根据马家寨吴氏的说法，吴三桂兵败

后，陈圆圆为免遭诛灭九族之祸，便在马宝的保护下，带着儿子吴启华途经广西，绕道贵州毕节、威宁，到达狮子山麓的马家寨隐居避难。到马家寨时，还有金杯、玉簪、两柄大刀和一柄方天画戟等物，玉簪后来遗失，大刀和方天画戟则在1958年大炼钢铁时被当成废铁卖了。由于历史的原因，马家寨吴氏对陈圆圆墓的存在一直严守秘密，族中也只有少数人才知道真相。"文革"时有族人不慎失言，漏了风声。"文革"结束后，有关部门派人到马家寨调查，陈圆圆墓才逐渐为人所知，岑巩县政府还将陈圆圆墓列为县级文物保护单位。陈圆圆墓公布不久，就发生了盗墓案，马家寨吴氏族人在收拾骨骸时，发现其36颗细密的牙齿依然完好。骨骼修长，完全与本地农村妇女的骨骼不同。这似乎也进一步证实了墓中之人确是陈圆圆。

不过，这一说法也有令人生疑之处。根据史书记载，吴三桂的儿子是吴应熊、吴应麒，属"应"字辈，不应该是"启"字辈。而吴三桂的大将马宝，则早在清军攻破昆明时就已经投降，后在北京被杀，史籍中也有明确记载，他又怎么可能护送陈圆圆来到马家寨呢？看来，笼罩在陈圆圆身上的疑云依然未能完全消解，这个谜还有待后人去解开。

董小宛生死之谜

在无锡市博物馆里，有一幅《彩蝶图》，画面形象逼真、栩栩如生，旁边还有二方图章印记和几行题诗，诗句清新飘逸。这幅画不是出自什么名家，题诗者也不是什么大诗人、大词人，而是一风尘女子，她就是"秦淮八艳"之一的董小宛。古人言，"自古红颜多薄命"，小宛也难逃命运多舛，一生充满了离奇色彩。关于她的生平，至今仍有许多谜尚未解开。

董小宛（1624—1652）　名白，字小宛，又字青莲，别号青莲女史，是因仰慕唐代大诗人李白而起，可见小宛自小便气质非凡。

董白出生于苏州一户经营刺绣生意的富商人家，容貌秀丽，聪明可人。父母视为至宝，悉心教她琴棋书画。苏绣艺术的高雅和技术的精湛又从小培养出董白的高雅气质和心灵手巧，可谓难得的才德俱全的富家千金。可是命运总爱捉弄人，在她13岁那年，父亲不幸暴病身亡，撒手人寰，母女两人只得相依为命。时值明末，天下动乱，乱象迫近苏州，董家绣庄的伙计又从中作祟，绣庄负债累累，濒临破产，董母气急攻心，病倒在床。生活重担一下落到了年仅15岁的董白身上，生活费、母亲的医药费以及绣庄欠下的债款，每项都迫在眉睫。而世态炎凉，亲朋好友都各有打算，顾不了这对孤儿寡母。董白自幼养成孤傲清高的性格，怎肯低三下四地去乞求别人的可怜呢？于是她改名小宛来到南京秦淮河烟花之处，以卖艺为生。小宛不仅姿色艳丽，而且才艺双全，再加上她超凡脱俗的气质得到了文人雅客赏识，很快成为秦淮名妓，慕名而来的客人络绎不绝。但她孤芳自赏的性格也得罪了不少客人，鸨母自然对她冷嘲热讽，小宛负气离开南京回到苏州，但为生活所迫，又在苏州半塘妓院重操旧业，但她始终只卖艺不卖身，挣钱供养母亲。

正值情窦初开的董小宛也梦想能遇见令她倾心的郎君，早日从良嫁人，过上平静的生活。但对未来生活还抱有美好希望的小宛却再一次地经受了失去亲人的痛苦，世上惟一疼她、爱她的亲人——母亲又离她而去。此后，小宛心如止水，万念俱灰。也许是上天悯怜小宛的不幸身世，这时一位才貌双全的男子走进了她的生活，他就是当时人称"四公子"之一的如皋冒辟疆。才子冒襄（字辟疆）赴金陵应试，从吴伟业（梅村）、侯方域等人口中得知秦淮佳丽首推小宛，遂产生仰慕之情，恰逢小宛在苏州半塘，冒辟疆专程前往拜访，双方一见倾心。冒辟疆欣赏小宛清高孤傲，自怜自爱，小宛也仰慕其品性谈吐。二人相识一段时日后，小宛遂以身相许。但由于董小宛在半塘名气很大，不论出多少银子，鸨母也不肯放走这棵摇钱树，就在他们一筹莫展之际，经江南名士钱谦益的调解，冒辟疆才得为其赎身，成了这一对才子佳人。由于冒辟疆屡试不中，又对黑暗的社会现实感到不满，于是放弃仕途，携小宛回到如皋老家。因冒辟疆已有正室，小宛只得屈做小妾，但董小宛并未因家庭地位而感到委屈，而是知书达理，贤惠有加，细微周到地侍候着公婆，对丈夫更是关照得无微不至。冒辟疆的原配妻子秦氏体弱多病，董小宛便毫无怨言地承担起理家主事的担子。小宛不仅琴棋书画样样精通，还烧得一手好菜，善做各种点心及腊味，使冒家老少大饱口福，其名并列于"历代十大名厨"。现今扬州名点"灌香董糖"、"卷酥董糖"，香甜可口，相传即为她所创。

正当小宛为找到幸福的归宿而欣慰，准备在冒家平静地过完一生时，清兵入关南下，江南一带燃起熊熊战火，冒氏举家南逃避难，途中冒辟疆几度生重病，全赖小宛精心护理得生。战乱过后，冒家辗转回到劫后的家园，由于家产在逃难中丢失殆尽，日子变得十分艰难，多亏董小宛精打细算，才勉强维持着全家的生活。可祸不单行，此时的冒辟疆又病倒了。小宛时刻不离、无微不至地照顾大病中的丈夫，在冒辟疆病愈后，小宛却因极度劳累而面容憔悴、骨瘦如柴，年仅27岁的董小宛就在这种饥贫交困中死去。

董小宛之死一直是一大悬案。历史上流传董小宛是因肺病复发不治，逝于如皋。但后人发现如皋董小宛墓中随葬之物俱在，惟独不见骨骸。那一代名妓董小宛是怎么死的，死后又葬于何处呢？

冒辟疆的结拜好友张明弼曾写过《冒姬董小宛传》，书中写到董小宛之死时，用了"以劳瘁病卒"和"其致病之由和久病之状，并隐微难悉"等词句。后人据此猜测，书中张对小宛生活遭遇和嫁后的生活细节都描写得很细致，但为何对小宛的病情却只有几句轻描淡写的话？张既然是冒的好友，对董的病情不会一无所知，难道有什么难言之隐吗？

冒辟疆著的《影梅庵忆语》中有对冒家一路逃难的回忆，其中有一段着重描写了"秦溪蒙难"的情景："蒙大兵，杀掠奇惨"，"姬之惊悸瘁瘠，至矣尽矣。"历经磨难的董小宛怎会如此惊恐过度，是遇到了什么大灾难了呢？后人推测其时董小宛可能被匪军掠去受辱而亡或因此下落不明，这正好和冒辟疆自己所写的"至今望秦海，鬼妾不曾归"的诗句以及吴伟业《题冒辟疆明姬董白小像》中"高无赖争地称兵，奔迸流离"时董小宛表示"苟君家免乎，勿复相顾，宁吾身死耳"等词句相佐证。因为董小宛的悲惨遭遇对世代官宦的冒家来说，是有辱脸面的丑事，所以对外的公开说法只能是因病而亡了。

历史上人们还将董小宛和清宫四大疑案之一"顺治帝出家"联系起来，说顺治帝出家就是为了董小宛。传说冒辟疆纳董小宛为妾后，在逃难中两人不幸失散，董被降清名将洪承畴掠去，改名董鄂氏献给了顺治帝。董小宛深得顺治帝的宠爱，封为贵妃。前夫冒辟疆得知董小宛在皇宫后，便混入宫中与小宛私会，但被皇太后发现，勃然大怒，将董小宛白绫赐死。顺治帝因此悲痛欲绝，愤而出家了。

然而，董小宛和董鄂妃究竟是否同一人其实还是很可疑的。董小宛生于1624年，而顺治帝1638年才出生，根据常理，顺治帝不应会爱上一个比自己大14岁的女人的。之所以有人将董鄂妃与董小宛联系在一起，恐怕还是因为冒辟疆等人对董小宛之死的含糊其辞，使世人产生了太多的疑问，因此才产生出这样的传说。

尽管众说纷纭，但董小宛最终的真实结局，至今人们仍然无从知道。

《金瓶梅》作者之谜

有人形容明朝奇书《金瓶梅》"浑身是谜"，虽然略有夸张，却也不失贴切。单以《金瓶梅》的作者来说，就曾经有很多人做过专门的考证，但到目前为止，林林总总不下三十余种说法，尽管每一种说法都看似有根有据，言之凿凿，但总是留有一些疑惑之处，因此直到今天仍难有定论。

《金瓶梅》是明朝时出现的一部奇书，其生动的描述向读者展示出了一幅恢弘的明朝市井生活画卷，具有很高的文学与史学价值。在通行的版本上，其作者署名都为"兰陵笑笑生"。数百年来，为了考证这个"兰陵笑笑生"究竟是谁，学者们花尽心思，提出了很多假设，归纳起来，大致有以下几类观点。

一是"大名士"说。这一说法的提出者为明朝文人沈德符，他在《万历野获编》中说："闻此为嘉靖间大名士手笔。"到了清初，有人提出所谓大名士就是当时的著名文人王世贞。后来又陆续出现了大名士为李渔、赵南星、李开先、汤显祖、冯惟敏、贾三近、屠隆、谢榛、李先芳、王稚登等人的说法，虽然各有说法，但都可以被归入这一类。

可以说，关于大名士作《金瓶梅》的说法起源是比较早的，也一直延续至今。但对于这一类说法，已经有人给予了反驳。他们认为洋洋百回的《金瓶梅》，虽然表现了作者卓越的语言组织才能，但书中大量抄录了前人甚至同代人的词曲、杂剧、传奇、说唱等，这种明显的抄袭和拼凑不大可能是"大名士"所为。而王世贞在《艺苑卮言》中就一再说："书画可临摹，文至临摹则丑矣。""剽窃、模拟，诗之大病。"另外，《金瓶梅》在传抄过程中难免有少量前后脱节、错漏等现象发生，但全书结构内容上的不连贯、重出和有些描写上的粗糙，很难说都是传抄之误。而上述的任何一个"大名士"，都不可能在写作过程中出现如此败笔。更有甚者，《金瓶梅》中夹杂了大量的记音字、借音字（即别字），甚至一些常用的字也用借音字来代替。例如"可不交人笑花死了"中的"交"、"花"，"杀人不斩眼"的"斩"等等。试想，一个"大名士"的笔下怎么可能出现这么多的别字呢？

第二种说法为"门客、老儒"说。这一说法的起源也比较早。明人谢肇淛在《金瓶梅跋》中就说："相传永陵中有金吾戚里，凭怙奢汏，淫纵无度，而其门客病之，手摅日逐行事，汇以成编，而托之西门庆也。"袁中道在《游居柿录》中也作如是说。由于这种说法过于含糊、朦胧，因而后世呼应者不多。最近有学者著文，提出《金瓶梅》是赵康王朱厚煜与其门客谢榛、郑若庸"三人合作"的。但是，如果赵康王自己作文（或与他人合作）暴露自己糜烂、淫秽的生活，把自己写成一个无耻的市井无赖、恶棍，实在是有悖常理。另外，还有人认为，《金瓶梅》作者可能是王世贞家厮养的说书艺人胡忠，但这一说法同样缺乏足够的证据。

第三种说法则是"民间艺人"说。"民间艺人"说的出现是近年的事。戴鸿森先生曾在《我心目中的金瓶梅词话的作者》一文中提出"刘九"说。但有人指出，刘九只是一个盲艺人，以说书为生，似乎不可能有精力担此重任。而且根据目前的研究，《金瓶梅》的成书应当在万历年间，但据李开先的《瞽者刘九传》记载，刘九在嘉靖末年即已去世，因此时间上也无可能。

此外，还有人提出《金瓶梅》是"民间艺人集体创作"，认为它"是在同一时间或不同时间里的许多艺人集体创作出来的，是一部集体创作，只不过最后经过了文人的润色和加工而已。"而《金瓶梅》"明显的抄袭现象"只有"作为历代累积型的集体创作"，"才能得到说明和理解"。但这一说法同样存在可疑之处，因为既是"历代累积的集体创作"，为什么又是突然出现，而在此之前没有任何迹象表明《金瓶梅》的故事在社会上演说过？特别是在盛行杂记小品的明朝，这种情况是很难说得通的。况且，《金瓶梅》宏大的整体艺术构思，也非集体创作在短期内所能完成的。

　　总之，迄今有关《金瓶梅》作者的种种推论，实在还有不少难解的症结。但是，对于这一问题的探索和考证，却是一件十分有意义的工作，随着每一种新说法的提出，都会给人们打开新的视野，提供新的参考。当然，如何最终解开《金瓶梅》作者这个难解之谜，揭开"兰陵笑笑生"的真面目，还需要学术界和广大文史爱好者的不懈努力。

《西游记》作者之谜

　　《西游记》的作者是谁？数百年来一直是个历史悬案。上世纪二十年代，胡适与鲁迅等人从清代学者的著作中论证出其作者是明朝嘉靖中期的淮安岁贡生吴承恩。但是，目前所能见到的各种《西游记》明清版本，却没有一部是署名吴承恩的。那么，吴承恩到底是不是《西游记》的真正作者呢？

　　说起四大古典名著中的《西游记》，大多数读者都耳熟能详，其作者吴承恩也早已为人们知悉。但事实上，现在我们能够看到的《西游记》明清版本中，除极少数版本曾署名元朝全真道人丘处机之外，大部分版本的署名均为无名氏。因此，在很长一段时间里，丘处机一直被认为是小说《西游记》的作者。最早认定是丘处机的为元朝学者陶宗仪，他在自己的笔记《辍耕录》中首次将《西游记》列于丘处机的名下，这一说法从此沿袭了数百年之久。

　　一直到清朝中叶，开始有人怀疑这一说法。他们指出，与丘处机有关的虽然也有一本著作名叫《西游记》，但其全名是《长春真人西游记》，作者为丘处机的弟子李志常，而它的内容则是记载丘处机西行大漠之所闻所见，因此跟小说《西游记》风马牛不相及。当时的著名学者钱大昕还专门从道藏中抄出《长春真人西游记》，以证传说之谬。淮安籍学人阮葵生则据明朝《淮安府志》的记载，认定作者乃是明朝嘉靖至万历年间的淮安人吴承恩，其后同为淮安籍的学人丁晏又再次重申了这个观点。因此到晚清，在学人的著述中，吴承恩作《西游记》的观点已经被不少人所接受。

　　上世纪二十年代，鲁迅根据前辈学人的记载和有关文献，在其现代意义上的第一部小说研究著作《中国小说史略》中，明确指出《西游记》作者为淮安人吴承恩的观点。同时，著名学者胡适、董作宾及稍后的郑振铎、赵景深等人也开始了对吴承恩的研究，赵景深还在1936年首次撰成《西游记作者吴承恩年谱》。至此，原本在清代学人笔下尚显模糊的吴承恩的轮廓逐渐被勾勒出来，并且得到了大部分人的认同。

但是争论并没有就此结束，有人对此不断提出异议。他们认为，吴承恩作为《西游记》的作者至少有以下几个疑点：首先是今存吴承恩诗文及其文友的文字中从未提及过他撰写《西游记》这件事；二是《淮安府志》虽载有吴承恩著《西游记》，但并没有说明是演义还是稗史；三是清人黄虞稷所著《千顷堂书目》曾把吴承恩著《西游记》列入舆地类著作。因此，一度又有论者重新提出《西游记》是丘处机所作说，或是丘的弟子和传人所作说。

持相对观点的学者则针锋相对地提出，吴承恩作为《西游记》的作者是完全站得住脚的。首先，从成书年代看，《西游记》应在嘉靖初年到万历中期，而这正是吴承恩生活和创作的年代；其次，根据《西游记》中大量方言词和入声的使用情况来看，作者应操下江官话，这与吴承恩的籍贯相符；第三，从《西游记》的基本行文风格看，作者应是知识博杂、性情诙谐的读书人，还应有点心高气傲、郁塞不平的情绪，其身份不会太尊贵，这也正是吴承恩的特征。当然《西游记》中有许多道教内容，兼载有道家的诗句，但作为小说，《西游记》是经过长期演变，最后由文人加工定型的，在这过程中也不排斥曾有道教徒一同参与修改过。

还有学者经过考证，指出《西游记》一书与吴承恩毫无关系，真正的作者应该是明朝嘉靖年间的"青词宰相"李春芳。而吴承恩只作有《西湖记》，将吴承恩认定为《西游记》的作者，实是因为《西湖记》与《西游记》一字之差，以讹传讹造成的。他们指出，世德堂本《新刻出像大字官版西游记》卷首刻有"华阳洞天主人校"字样，而李春芳少时曾在江苏华阳洞读书，故又号"华阳洞主人"，这是证据之一。另外，在《西游记》第九十五回有一首诗："缤纷瑞霭满天香，一座荒山倏被祥；虹流千载清河海，电绕长春赛禹汤。草木沾恩添秀色，野花得润有余芳。古来长者留遗迹，今喜明君降宝堂。"这首诗的第四、五、六、七四句，暗含有"李春芳老人留迹"之意。因此，李春芳才是《西游记》的真实作者。

最近，又有学者对上述说法提出了质疑。他们指出，在今本《西游记》回目中，不少处出现诸如"黄婆""丹头""心主""元神""木母""水火"、"姹女""婴儿""意马""真性""本心""道心""心猿归正""六贼无踪"等词汇。据统计，在二百句回目诗句中，显现此类思路者竟占六七十句之多，不可谓不突出，而这些词汇均是道教内丹学的专用术语。在今本《西游记》面世的嘉靖、万历年间，此种内丹学属于当时道教的北支全真教。因此，《西游记》作者必然与全真教有着密切的关系，不可能是李春芳。根据对"华阳洞天主人"的进一步考证，《西游记》的最终定稿人应该是嘉靖、万历年间的茅山全真龙门派道士阎希言师徒。

西游记的作者到底是谁？这个谜就好像它的故事一样扑朔迷离，亦真亦幻。但是不管学者们如何争论，不可否认的是，在广大人民的心目中，《西游记》和吴承恩这三个字早已是水乳交融、密不可分了。从某种意义上讲，一部气度恢弘和知识浩繁的《西游记》，不可能只是某一人灵光一现得来的，它肯定是一个民族长期积累的智慧结晶，而吴承恩三个字正是这种结晶的象征。

孙悟空籍贯之谜

手拿金箍棒、腾云驾雾、嫉恶如仇的美猴王孙悟空，是家喻户晓、人人喜爱的大众明星。近年来，为了推动旅游业的发展，不少地方都争着注册为孙悟空的故乡。孙悟空的户口到底该落在什么地方呢？学者们对此有哪些不同的看法呢？

谈到孙悟空的籍贯，就必然涉及到他的形象来源。有学者认为，孙悟空的形象来源于印度史诗《罗摩衍那》中的神猴哈奴曼。哈奴曼是印度神话中风神和母猴所生的神猴，后来成为罗摩王子的得力帮手。因此，孙悟空的家乡定是印度无疑。另一派学者认为，孙悟空是来源于中国古代神话里的水怪"无支祁"，无支祁的形象可以在《山海经》、《淮南子》、《吴越春秋》、《拾遗记》、《金刚经》等古书里找到。《太平寰宇记》卷十六称："大禹治水三至桐柏山，乃获淮涡水神，名曰无支祁……形若猕猴，缩鼻高额，青驱白首，金目雪牙，头伸百尺，力踰九象……"与翻江倒海、无拘无束的孙悟空十分相似。另有学者认为，孙悟空是中国固有神话与印度佛教相融合的产物。无论孙悟空的形象来源是"本土说"还是"混血说"，大家都认为孙悟空的籍贯应该在中国。当然，孙悟空的形象在中国人心中扎下了根，有关其籍贯的争论也集中在中国大陆，印度国籍说基本上被否定了。

孙悟空到底是中国的哪省哪地人呢？

一种说法是，孙悟空是江苏连云港人。由于孙悟空经过吴承恩的再创作而童叟皆知，因此最初学界猜测，孙悟空是作者吴承恩的老乡，即江苏连云港人。且连云港有花果山水帘洞，与《西游记》中所描述的很相似。这一说法长期以来居于主导地位，大家对之深信不疑。但这一说法毕竟猜测成分多些，证据不足。近年来，中国学术界先后发现了南宋《大唐三藏法师取经诗话》和《西游记平话》残本，以及元末明初杨景贤的《西游记》杂剧。在这些吴承恩出生之前就早已存在的作品中，孙悟空的形象同样活灵活现地存在着。于是，学术界关于孙悟空是"连云港人"的说法也就不攻自破了。

第二种说法是，孙悟空是甘肃人。甘肃是中国的西北重镇，丝绸之路的必经之地，是古代中国与外界联系的交通要道。敦煌、武威、张掖、酒泉在当时被称为"安西四郡"，战略位置极为重要。唐三藏去西天取经，就沿着当时的

丝绸之路，沿途经过了甘肃的山山水水。近年来，在甘肃省瓜州县榆林窟的壁画中，发现了《唐僧取经图》。图片显示，唐僧西去取经，紧随唐僧的是个尖嘴猴腮的胡人，叫"石磐陀"。有人以此推定，这猴形人就是孙悟空的原型，换句话说，孙大圣是甘肃某地胡人。胡人是魏晋南北朝隋唐时期对于西北少数民族的统称，经过长期的摩擦和融合，他们与汉民族已经融为一体，但是少数民族能歌善舞、自由奔放、蔑视权贵的特点依然不改，并且对固有的汉文化影响很大。甘肃发现的《唐僧取经图》中的胡人即是如此。将此胡人视为孙悟空的原型，确实很有见地，很有想像力。甘肃人以壁画为证，认为孙悟空是甘肃人，确实有一定道理。

第三种说法是，孙悟空是福建人。对于甘肃方面拿出的《唐僧取经图》，福建方面毫不示弱，也拿出了证据。据报道，在福建北部的顺昌县宝山中，新近发现了孙悟空和他哥哥通天大圣的墓碑。原来福建省顺昌县"猴崇拜"渊源已久。宝山就如其名一样，是座神奇的山，山上有个叫作"山狸洞"的地方，当地盛传里面有"圣见"摩崖石刻。同时洞内还发现了宋朝的瓷器碎片，碎片上有猴子图像的痕迹，印证了顺昌在宋以前就存在大圣崇拜文化。此外，历史学家还发现，福建省在宋朝时即于文献中出现了关于孙行者的记载，蟠桃园和东方朔的故事也起源于福建。另外，早在唐天祐年间，福建已有水晶宫的传说。福建民间传说中猴精的形象也与《西游记》中孙悟空的形象最接近，如福州永泰在五代时期就曾流传该地能仁寺一和尚剃度了当地一作怪的母猴，使该母猴成为当地的保护神之一的故事。孙悟空福建籍贯之说得到了很多的实物佐证。不过，莫名其妙冒出来的孙悟空的哥哥却是一个难以解释的问题。

除上述几种争执不下的观点外，还有的学者认为孙悟空是神话构造的形象，是属于中国的，但没有具体的籍贯。《西游记》本身是一部浪漫主义的神话小说，其中的人物形象如孙悟空、猪八戒、沙僧及形形色色的妖魔鬼怪，是佛教传说与中国固有神话传说相融合，经过中国人民千百年的酝酿流传而塑造出来的形象，其中杂糅了各地方的很多民间传说，除了唐僧是以唐太宗时期三藏法师去印度取经为历史依据外，其他的形象实难断定某个人物究竟是何方出身。

争来争去，江苏连云港、甘肃和福建三地各有证据，最终还是无法确定孙悟空的人物原型来自何处，即孙悟空属于哪里人。看来，孙悟空落户哪方仍将是一个悬而不决的难题。不过，无论孙悟空出身何方，人们都一样喜爱他，又何必拘泥于他的籍贯呢？

《水浒》作者之谜

《水浒传》是我国四大古典名著之一，讲述了北宋末年一百零八位梁山泊好汉聚众起义的故事。其中众好汉侠肝义胆，替天行道的气魄令人读来荡气回肠，充满英雄主义的豪情。几百年以来，《水浒传》是勾栏瓦栈、书场的保留曲目，说书人传唱、说讲《水浒传》，风靡于民间，很多不识字的村野农夫就是由此了解历史故事和神话传说的。由于该书不同的版本有不同的署名，因此自明朝以来，对于该书作者的猜测很多，至今《水浒传》的作者是谁仍是个不解之谜。

目前，学界关于《水浒传》的作者有三种说法：第一种说法，认为是罗贯中写的；第二种说法，认为《水浒传》是施耐庵和罗贯中两人合作的，这是目前比较多的人所赞同的说法；第三种说法则认为是施耐庵一个人写的。

《水浒传》最早的本子署名为"东原罗贯中编辑"。罗贯中是另一部古典名著《三国演义》的作者。罗贯中是个多才多艺的人，很有名的小说家，除《三国演义》外，他还撰著了《三遂平妖传》、《隋唐志传》、《残唐五代史演义》和杂剧剧本《风云会》。而后来其他版本的《水浒传》署名就变成了施耐庵。施耐庵的生平事迹留存不多，我们无法确切知道其情况。有学者认为并无施耐庵此人，而是别人托名；也有人认为施耐庵即杭州人施惠；还有人认为是兴化人施彦端。这个施彦端曾经参加过元末明初的张士诚农民起义军，对于农民起义有着深刻的了解。施耐庵写过另外一本小说《靖康稗史》。毋庸置疑，罗贯中和施耐庵都是杰出的小说家。但显然，"耐庵"只是一个号，他的真名叫什么，我们无从知道。

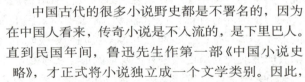

中国古代的很多小说野史都是不署名的，因为在中国人看来，传奇小说是不入流的，是下里巴人。直到民国年间，鲁迅先生作第一部《中国小说史略》，才正式将小说独立成一个文学类别。因此，古代民间一些无名作者编写的小说野史，或者是在民间流传的故事和在前人作品基础上重新加工、改造编写的小说野史，一般都不署自己的名字。对于刊刻书籍的书商来说，作者的名气对书的发行至关重要。所以，有些书商就会在刊印时署上某个名人的名字，或者说是某某名人"本"，某某名人编撰，而真正的作者或编撰者却

被隐去了。高儒在《百川书志》中说："《忠义水浒传》一百卷，钱塘施耐庵的本，罗贯中编次。"我们可以据此认为《水浒传》是先由施耐庵撰写，后由罗贯中编辑、整理；也可以认为是罗贯中单独撰写，施耐庵是书商硬加上去的；也可以认为是由施耐庵撰写，罗贯中是书商硬加上去的；甚至可以认为，施、罗二人都不是此书真正的作者，只不过因为他们在当时名气很大，书商为了抬高此书的地位，借以促销，便硬把二人的名字署上去，而且为了让人感觉真实可信，还做了分工，"施耐庵的本"，由罗贯中"编次"。

　　从文学作品形成的角度讲，《水浒传》的成稿是一个长期积累的过程。水浒传的故事在中国民间很早就有流传，经过民众的口头传说和创造，其中的人物形象被逐步刻画塑造出来。许多民间艺人，尤其是说书艺人和戏剧作家在民间传说的基础上，对之进行过艺术加工，使故事情节更加吸引人，谋篇布局更加合理，人物形象更加丰满。因此可以说，是不同时期的多位艺人共同参与了《水浒传》的创造，最后由施耐庵等整理修订、去芜存菁而定稿。

　　《水浒传》里绝大部分的故事在历史上发生过。如北宋人宋江率数三十六人起义，进攻京师这件事情就是真实的，南宋时期的一些笔记里都记载了这件事。南宋王偁的《东都事略》提到了"宋江寇京东"；南宋罗烨的《醉翁谈录》里录有很多随宋江起义的人的画本，如《青面兽》、《花和尚》、《武行者》、《石头孙立》、《徐荆落草》等；南宋画家龚开写了《宋江三十六人赞》，就是画了图，每幅图再配上叙述的文字，说明这些人的事迹。除文人记载这个故事以外，宋江等人的事迹必然也会流传在民间。在民间流传的过程中，逐渐演绎和变化，故事内容大大丰富起来，情节愈益曲折离奇。到了元朝初年有个叫《大宋宣和遗事》的画本，已经包含了杨志卖刀、智取生辰纲、宋江杀阎婆惜、九天玄女授天书、宋江受招安、征方腊的故事。元杂剧中有《黑旋风双献功》、《旋风负荆》、《燕青薄鱼》、《还牢陌》、《征豹恩》、《黄花玉》、《五虎大劫牢》、《七虎闹同台》、《王矮虎大闹东平府》、《宋公明排九宫八卦阵》等剧目。元杂剧为《水浒传》故事情节的定型作出了重大贡献。宋江率领的起义军由三十六人发展到一百零八人，队伍蔚为壮观，英雄事迹层出不穷，整个《水浒传》成了一部英雄的史诗。元杂剧还为宋江起义寻找到一个舞台，即梁山泊。梁山泊传说在山东，但是很多人认为根本不在山东，而是在江南水乡。《水浒传》的故事里，南方色彩偏重。到元末明初的时候，就由文人施耐庵和罗贯中等在前人共同创作的基础上，进行再一次的文学创作，从而写就了中国最长的一部章回体小说。

　　因此可以说，《水浒传》是一个集体创作的过程，最后由罗贯中或施耐庵或者两人合作将这个流传于民间，水平参差不齐、层次比较低的原始传说和早期作品，加以汇集、整理、加工、创作，从而成为一部文学巨著，它是群众智慧和民间艺术的结晶。

白蛇娘子演变之谜

　　白娘子和许仙的爱情故事凄美哀怨，感天动地，在中国家喻户晓，童叟皆知。然而白蛇传说不是一个作家的个人作品，而是在民间流传的过程中，由民间艺人、文人不断加以增改，才最终形成了现在的艺术形象。那么，白娘子的原型是怎样的？她又是如何经过几代人的塑造，从而演变成一个聪慧善良、大胆追求爱情的姑娘的形象呢？

　　白娘子是位美丽的姑娘，她的所作所为无不体现中国民间的理想，是由中国传统文化产生的神话形象。近年来，通过学者的不断研究和考证，发现白娘子的艺术原型很可能是唐人志怪小说《李黄》中的女妖"白蛇娘子"和"青服老女"。经过小说《李黄》的传播，白蛇娘子的故事已经为一部分读者所了解。到了南宋，出现了平话本《西湖三塔记》，该书讲述的是白娘子和奚宣赞的爱情故事。不过在这两个故事中，白娘子是凶恶的妖精，专取活人的心肝下酒，而且不断用新人换旧人。《西湖三塔记》中还出现了法海镇白娘子于湖内石塔下的情节。在这里，法海倒是降妖除魔的圣人了。艺术原型经过千百年民众的流传，最终会变成什么样，还真值得品味。

　　明朝中叶中国出了个著名的文学家，用时尚的话说，他是一个流行作家，他就是冯梦龙。冯梦龙博闻强记，著述丰硕，所著"三言"深深影响了中国人的心灵。冯梦龙对于白蛇传说很感兴趣，他写作了《白娘子永镇雷峰塔》，收于《警世通言》第二十八卷。经过长时间的民间流传，加上说书艺人的创造，有关白娘子的故事越来越多，白娘子的形象也越来越丰满。冯梦龙引用了大量民间传说，同时加入了自己的创作。在《白娘子永镇雷峰塔》中，已经包含了

游湖借伞、订盟赠银、庭讯发配、远方成亲、赠符逐道、佛会改配、重圆警奸、化香渴禅、遇赦捉蛇、付钵合钵等情节。令人感兴趣的是人物形象发生了颠覆，白娘子不再是作恶多端的蛇妖，而变成了一个大胆追求幸福爱情的蛇仙；男主人公许仙则是庸俗的小市民，胆小怕事。这个作品具有重大意义，它基本上奠定了现代版白蛇传说的雏形。不久，根据这个故事改编的表演曲目《雷峰塔》开始在民间流行，杭州民间的男女盲艺人用"陶真"的形式，一边弹琵琶，一边说唱白娘子的故事。

　　清初古吴墨浪子编辑的《西湖佳话》卷十五有

《雷峰怪绩》篇，继承了《警世通言》并稍作增饰。《警世通言》中诸多不合理的情节，于《西湖佳话》中得到完善，黄图珌将白蛇传的故事改编成戏曲《雷峰塔传奇》。此后，在这个祖本上，民间艺人又不断增改，增加了端阳、求草、救仙、水门、断桥、指腹、画真、祭塔、做亲、佛圆等情节；清乾隆年间陈嘉言父女创作了《雷峰塔传奇》；梨园昆剧也争演白娘子戏，编成剧本《雷峰塔》；方成培整理修改成水竹居刊本《雷峰塔》……经过民间艺人的辛勤劳动，所著书本、所编剧目，把白蛇娘子的故事塑造得更加动人，更有韵味。通过说书人和戏曲表演者，白娘子的形象更广泛

明·掐丝珐琅梅瓶

深入地在社会上传播开来。清朝初年的这些本子，增改了故事情节，进一步勾勒白娘子的英勇、智慧以及为爱情献身的精神，同时还塑造了美丽聪明且更加有反抗精神的青蛇形象，白蛇异常温柔、庄重、明理，她的刚健勇猛、行侠仗义的品性则转移到小青身上。

后来，白娘子的形象仍在不断演变。嘉庆十四年出版了弹词《义妖传》。民国时期，有人根据弹词《义妖传》，把它改编为小说《前白蛇传》和《后白蛇传》。后来，全国各地纷纷将《白蛇传》改编成京剧、越剧、粤剧、湘剧、徽剧、评剧、川剧、汉剧、赣剧、桂剧、闽剧、汉剧、秦腔、梆子戏、皮影戏、秧歌戏、傀儡戏、黄梅戏、婺州戏等不同的剧种。可以说，在不同的戏剧中，都能找到白蛇娘子的身影，由此可见白娘子的故事深入人心。不同戏剧的传播，使白娘子的形象更丰富、更完美，许仙的性格也发生了变化。在水竹居刊本《雷峰塔》里，许仙性格懦弱，一有风吹草动，就向官府如实交代白娘子的来历，然后远走他方，最后竟帮助法海降伏自己的娇妻，重返佛国。而后来的许仙则是一个善良和重情的青年，他在法海的反复劝诱下虽然动摇过，但最后还是主动回到了白娘子身边。许仙白蛇的爱情经过一番磨难，终于造就了永恒之爱。最后定型的《白蛇传》将这一人妖之恋表现得缠绵悱恻、荡气回肠。

白蛇娘子的形象，经过民间的长期流传和无数艺人的加工，从最初的妖魔，演变成温柔贤惠有正义感的姑娘，而法海则从最初的正义主持者，变成了爱管闲事、为非作歹的恶人形象。白娘子和法海形象的艺术颠倒，反映了民众对于神话传说的艺术加工。其中的奥妙，必然是在白蛇娘子身上，寄托了中国人民对美好生活和美满爱情大胆追求的理想，以及对社会现实中各种邪恶势力敢于斗争的赞赏。

"红崖天书"之谜

在举世闻名的亚洲第一大瀑布——黄果树大瀑布以西37公里，霸陵河大峡谷的晒甲山的山崖上，有一块红色巨型崖壁，上面刻有数十个大小不一，"似篆非篆"、"似隶非隶"的图符，被称为"红崖天书"。因其具有"绝对之神秘性"而闻名中外，被称为我国"四大不可识别文字古迹"之一，其真实内容至今有待确证。

"红崖天书"位于贵州安顺关索岭一处红色岩壁上，由一些非凿非刻的符号组成，其中大者有人高，小者如斗，似文似图，若篆若隶，排列参差错落。自从人们发现"天书"以来，曾出现过三次对其研究和释读的高潮。第一次高潮是在明朝，当时主要是一些读书人对其感兴趣；第二次高潮是清朝光绪年间，出于好奇，人们纷纷拓印天书，或考证，或收藏，或用以送礼，"天书"的名声开始越传越广，对其释读的工作也加紧进行着。

但正是在这一阶段发生了一件事，使得现在的人们再也无法目睹红崖碑上天篆的原貌了。当时，永宁（现贵州关岭县）州官令当地团甲急速摹印一批碑文以便送人，一位自作聪明的团首罗光堂先用桐油拌石灰涂在凸字面上，以便敷衍了事地拓下一些碑文。后又因洗刷不去石灰桐油，竟叫来石匠将岩面铲脱一层。最后，只好参照原拓本的某些符形，随意刻画一些，再涂上一层丹砂。此举给后人破译"红崖天书"之谜带来难以想像的困难。

但这却并没有削弱人们对这一神秘天书的兴趣，上世纪九十年代，又兴起了释读"红崖天书"的第三次高潮，其间，更多的学者试图从文字学、历史学、社会学、文化学等多个角度进行研究，目前已有十几种说法。

最新的一种解说认为它是建文帝的"伐燕檄诏"，隐藏着一段历史谜案。研究者认为明初"靖难之役"后，建文帝在亲信随从的保护下，隐匿到了贵州的山谷之间。躲避数月后，他很想号召臣民支持他东山再起，推翻朱棣，但苦于自己身单力孤，加上朱棣的爪牙众多，难于应付，便想出了这么一个讨伐朱棣的檄文，让随从以金文的变体加上篆体、隶书、象形文字、草书以及图画的形义综合成一种"杂体"，然后用皇帝诏书的形式刻写于红崖之上。根据这一大胆的假想，研究者进而"破译"出"天书"的内容为："燕反之心，迫朕（皇龙）逊国。叛逆残忍，金川门破。残酷杀害（段、殴、牢、杀子民），致尸横、死亡、白骨累累，罄竹难书。使大明日月无光，变成囚杀地狱。须降伏燕魔做阶下囚（斩首消灭）。丙戌（年）　甲天下之凤皇——允炆（御制）。"

对此，专家提出了不同的看法。他们指出，关于建文帝的下落现在仍是一桩谜案，历史学界长期流行着两种主要说法：一是建文帝在宫中自焚而死，一是建文帝流落海外。至于他是否逃到了贵州，仅靠"红崖天书"来断定证据是不足的，至多只能是一种个人猜测，在史学上价值不大。

还有人认为，"红崖天书"产生于新石器时代，是比殷代甲骨文更原始的图画会意文字，或称古图形文字。它有形可象，有意可会，其造字的原理和释读方法，与甲骨文一样。不过后者是前者图形的线条化，在表现方法上前者更原始，可说是古文字的雏形和活化石。通过辨别"天书"上每个图形所表现的物体，他们认为其应该是一则古时的"公告"。由此，还可以将中国有文字的历史从距今3200年的殷代甲骨文提前至新石器时代。

不过，更多的人并不认同于这一看法，他们提出了不同的意见。比如有人认为"红崖天书"运用了钟鼎文等篆隶书体，采取了添加、省减、移化、图释四种方法将字形肢解。还有人认为"天书"亦文亦画，不能单纯地理解成文字或者图画，他们指出："红崖天书""观其文，它是道圣旨，从右至左直排成一篇《伐燕诏檄》；察其图，自左向右看，它是一幅御驾亲征图。"

也有学者指出，"红崖天书"本身是一种古怪的文字，应该不属于汉字系统，可能与少数民族文字有关。云贵、广西古称"南蛮之地"，当地的文化、文字与汉民族不是一个系统，而且当地壁画较多，所以把"天书"和壁画联系起来似乎更加合情合理。在四川凉山、内蒙古的一些地方也有古代的壁画，壁画的内容是表现祭祀、描写当时人的生活及其与自然的斗争。还有的人认为，用"天书"来形容红崖上的符号不是很恰当，因为所谓的"天书"是神仙、超人力量创造出来的东西，有一种神授的感觉。

那么，到底哪一种说法最正确呢？目前只怕还很难得出结论。正如中国社会科学院考古研究所碑刻专家赵超先生所说："对于'红崖天书'，学术界目前没有统一的看法……内容趋向符号化，目前关于'红崖天书'没有详细的古文字资料，年代又比较久远，所以现在的研究只能处于猜测阶段。可以说，哪一种说法都能说，但哪一种说法也站不住脚。"对黔中"红崖天书"的释读和判定只能留待后人去完成了。

昆曲起源之谜

　　昆曲，原名"昆山腔"或简称"昆腔"，清朝以来被称为"昆曲"，现又被称为"昆剧"。昆曲是我国传统戏曲中最古老的剧种之一，也是我国传统文化艺术特别是戏曲艺术中的珍品，被称为百花园中的一朵"兰花"。2001年5月18日，它更被联合国教科文组织命名为"人类口头遗产和非物质文化遗产代表作"，成为了民族的骄傲。但直到今天，学术界关于昆曲的起源问题却仍然存在争论。

　　宋元时期是中国戏曲发展的一个重要阶段，由南戏发展到金院本，再发展到元杂剧，中国戏曲逐渐推进、衍变。元末发生的农民大起义推翻了蒙古贵族的封建统治，此时中国的戏剧也相应地发生了巨大变化，又形成"北剧"（元杂剧）没落，"南戏"复兴的现象。昆曲就是在这样的背景下兴起的。

　　讲起昆曲的起源，人们一般认为明朝嘉靖年间的魏良辅是昆曲的始祖。魏良辅，字尚泉、一字上泉，江西豫章（南昌）人，嘉靖（1522—1566）、隆庆（1567—1572）年间流寓太仓南关（明朝时为昆山所辖）。魏良辅原是北曲清唱家，到吴中后，致力于南曲改良。他认为当时的一些南曲唱腔"率平直无意致"（行腔简单，或节奏拖沓），于是以原来的昆山腔为基础，参考海盐、余姚等腔的优点，并吸收了北曲中的一些唱法，并与善吹洞箫的张梅谷以及谢林泉、张小泉、周梦山、季敬坡、戴梅川、包郎郎诸人结成在艺术上有共同见解和理想的创作集体，对昆山腔作了很大的改革与发展。当时，河北的北曲弦索名家张野塘，以罪发配太仓卫，被魏良辅以善歌之女招为婿，他也协助魏"更定弦索音节，使与南音相近"。这种新腔的特点是清柔婉转，"调用水磨，拍捱冷板。声则平上去入之婉协，字则头腹尾音之毕匀……启口轻圆，收音纯细。"从此，昆曲成为集南北曲之大成的新声。

　　上世纪50年代初，有人提出了不同的意见。因为有人在明人笔记《泾林续记》中发现了这样的记载：明初，朱元璋曾经邀请一些高寿的老人到南京赴宴，其中有一个名叫周寿谊的老人来自昆山，朱元璋当时就问他会不会唱昆山腔，并且称赞说昆山腔很好听。可见，当时已经有"很好听的昆山腔"了，传统的魏良辅创始昆曲的说法产生了动摇。

　　后来，人们发现了魏良辅所写的一部专著《南词引正》，其中有这么一段话，说"元朝有顾坚者，虽离昆山三十里居千墩，精于南辞……善发南曲之奥，故国初有昆山腔之称"。根据这一记载，元末顾坚等人把流行于昆山、太仓一带的民间土腔加以整理改进，创立了昆山腔。当时，虽然由于南北文化差异，传播手段有限，使其仅流传于苏州一带，但已经成为与海盐腔、余姚腔和弋阳腔并列的南戏四腔之一。而既然昆曲源于昆山腔，那么昆山腔的始祖顾坚应该被看作是昆曲的创始人。如果这一说法成立，那么昆曲的历史就可以被提早200多年。

但是，有学者对此提出了质疑。他们认为到目前为止，还没有确凿的资料可以证实元末昆山确实存在一个名叫顾坚的音乐家。《南词引正》说他与杨维桢、顾仲瑛等为友，但在顾、杨等人的诗文中却并没有发现过顾坚的名字。还有人认为，顾坚乃是明朝嘉靖朝的进士，并非元人，或者干脆认为顾坚只是一个名不见经传的民间艺人。另外，关于《南词引正》一书的真实性，也有人提出了疑问，认为它的真实作者并不是魏良辅，而是另有其人，而且其内容也非直陈史实，其目的在于抬高昆腔的地位，有利于改革工作。

还有学者指出，昆山腔与昆曲虽然有历史渊源，但两者之间却有着很大的区别，昆曲在更大程度上是一种新声新腔，是创造性的。它和昆山腔的最大区别在于昆山腔更加强调清丽婉转，而昆曲经过魏良辅的改进，吸取了北曲激越高爽的长处，使其柔中有刚，刚中带柔，既有小桥流水的委婉，又有大江东去的气魄，给人以耳目一新的感觉。另外，昆山腔的伴奏以弦索为主，过于轻柔，魏良辅则把北方戏曲中常用的笛、箫、笙等也引入昆曲的伴奏，并与锣、鼓、板等结合使用，众乐集成，浑然一体。

另外，学者们关于魏良辅的身份也存在争论，甚至对于他的籍贯也是众说纷纭。多数人的意见认为，他只是一个普通的曲师，而且与下层民众多有交往，同时又以行医为副业。不过也有人认为，他是一个进士，因为招降瑶民起义有功而做过地位很高的布政使。但如果是这样的话，他又何以会流落到太仓，生活如此落魄呢？这又是一个问题。

昆曲是我们民族的瑰宝，今天随着它被列入世界文化遗产，更吸引着越来越多人的关注，探讨它的起源也将更加具有意义。随着新史料的出现，相信在不久以后，我们一定能够完整地了解昆曲的来龙去脉。

《天工开物》书名之谜

明朝著名科学家宋应星所著的《天工开物》是一部关于中国古代农业和手工业生产技术的百科全书。其内容几乎涉及当时全部的社会生产领域，内容广博，文字简洁，插图生动，别具一格，堪称我国古代不朽的科技宏著，在中国科技史上占有重要地位，并且具有广泛的国际影响，被称为中国十七世纪的"科技百科全书"。但关于它的书名含义，人们至今还有着不同的解释。

众所周知，《天工开物》的作者是我国明朝著名的科学家宋应星。宋应星字长良，江西奉新县人，生于万历十五年（1587）。万历四十三年，宋应星和他的哥哥宋应升同时考中举人，崇祯七年（1634），他出任江西分宜县教谕（即管理教育的官职）。其间，宋应星把他长期积累的生产技术等方面知识加以总结整理，编著了《天工开物》一书，于崇祯十年刊行。明朝灭亡后他弃官回乡，终身再未出仕，大约在清顺治年间（约1661年）去世。

《天工开物》全书分上、中、下三卷，又细分做十八卷。内容十分丰富，并有123幅精美生动的插图。上卷记载了谷物豆麻的栽培和加工方法、蚕丝棉苎的纺织和染色技术，以及制盐、制糖工艺；中卷内容包括砖瓦、陶瓷的制作，车船的建造，金属的铸锻，煤炭、石灰、硫磺、白矾的开采和烧制，以及榨油、造纸方法等；下卷记述了金属矿物的开采和冶炼，兵器的制造，颜料、酒曲的生产，以及珠玉的采集加工等。全书详细地叙述了各种农作物和工业原料的种类、产地、生产技术和工艺装备，以及一些生产组织经验和大量确切的数据，是了解我国古代科学技术成就的重要文献资料。

那么，这本书为什么叫《天工开物》呢？"天工开物"四个字，在古今汉语里均为比较常用的字。对这四个字，可以说人人会读，个个会写，但是要真正弄清它们的出处和含义，却又谈何容易！到目前为止，关于"天工开物"四个字的含义大致有以下几种意见：

一种以著名学者丁文江、潘吉星为代表，他们认为："天工"是天工和人工的缩语，"天工开物"应读成"天—工—开—物"。丁文江说："是书也，以《天工开物卷》名，盖物生自天，工开于人，曰'天工'者，兼人与天言之耳。"潘吉星则说："'天'指的是自然界，'工'是人的技巧，'开'就是开发，'物'是有用之物或物质财富。综合起来，'天工开物'就是'天然界靠人工技巧开发出有用之物'。"

还有一种意见以日本学者薮内清为代表。他认为，"天工"是指自然力，"开物"是指人工开发，"天工开物"应读成"天工—开物"。他在日文译注本的《解说》中写道："天工意味着是对人工而言的自然力，利用这种自然力的人工就是开物。""天工是根本，顺应天工制造出来的有实用价值的器物则存在着人的技术。《天工开物》这个书名正是体现了这种思想。"

最近，还有一些学者则根据对中国古典文献的研究提出了他们更为具体的看法。他们认为，"天工"一词出自《尚书·皋陶谟》："无旷庶官，天工，人其代之。"这里的"天工"，《汉书·律历志》写作"天功"，显然与"人工"相对，意为大自然造化万物的能力。把这段话翻译成现代汉语，其意思是说："不要虚设百官，大自然造化万物之事，人应当代替它来完成。""开物"一词则出自《易·系辞上》："子曰：'夫《易》何为者也？夫《易》开物成物，冒天下之道，如斯而已者也。'"这里的"开物"，意为揭开事物的真相或奥秘。把这段话翻译成现代汉语，其意思是说："孔子说：'《易》这部著作是干什么用的呢？它是用来揭示事物的真相，确定行事的办法，传授天下事物道理的。它的作用无非就是这些罢了。'"作者宋应星创造性地借用典故，把《尚书·皋

《天工开物》书影

陶谟》中的"天工"和《易·系辞上》中的"开物"，巧妙地复合成"天工开物"四字，来命名自己所撰写的这部专门讲述农业和手工业生产技术的著作，其意思是显而易见的。这就是说，本书记载的是人们代替大自然创造万物的奥秘，也就是总结人们在长期的认识自然、改造自然过程中所创造的生产技术和经验。

以上各种说法，虽然各执一词，但由于都考虑到了自然和人这两种因素对创造万物的作用，因此都有一定的道理，很难说孰是孰非。

《天工开物》在明崇祯十年撰成后，当年即由宋应星的好友涂伯聚付梓刊行，为初刻本。清初杨素卿又据此翻刻过一次，此即杨刻本。但由于宋应星本人有反清思想，其兄又殉明自尽，因此在清朝这本书一度遭到厄运，使得这样一部全面系统地总结我国古代农业和手工业生产技术的卓越著作，在有清二百六十余年间，除了《物理小识》、《古今图书集成》、《授时通考》等寥寥数种书有所摘录或引用外，再也见不到它的身影。

民国初年，有人去查《云南通志》，发现里面在说到冶炼铜矿时，引用了一本名叫《天工开物》的书。此人想要看到这本书的全貌，于是便到北京各个大图书馆去寻找，结果一无所获。又去询问各藏书家，也没有一个人知道这本书。好像在中国这块土地上压根儿就不曾有过它一样。后来他偶然在一个日本朋友家里见到这本书的日文版，于是他又到日本图书馆去查阅，竟然发现这本书还有英、俄、德、日、法等国的翻译本，而且法国还有全译本。据说当年法国皇帝拿着这本书，如获至宝，爱不释手，将它深藏于皇帝文库中。具有讽刺意味的是，惟独中国不存这本书。后来他又在法国国家图书馆里找到了《天工开物》的明朝最初刻本，然后按照这个原刻本广为印行，《天工开物》才在中国重见天日。

《天工开物》的命运非常深刻地表明，我国历朝历代的封建统治者根本不注意对农业、手工业生产技术的开发和利用，甚至视科学技术为"雕虫小技"或"奇技淫巧"，所以到了近代，中国自然科学技术的落后也就成了历史的必然。